AI 管理

数字化时代管理升级策略

王 琳 李朋书 王进京 著

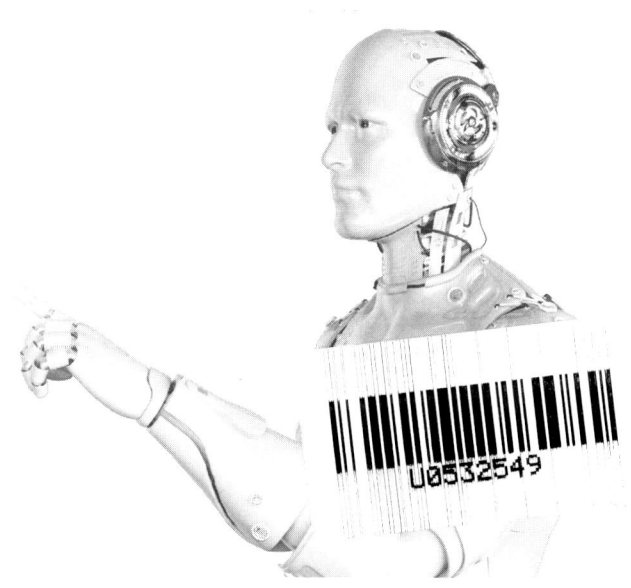

中国铁道出版社有限公司
CHINA RAILWAY PUBLISHING HOUSE CO., LTD.

北 京

图书在版编目(CIP)数据

AI管理：数字化时代管理升级策略 / 王琳，李朋书，王进京著. – 北京：中国铁道出版社有限公司，2025.5.
ISBN 978-7-113-32055-3

Ⅰ. C93-39

中国国家版本馆 CIP 数据核字第 2025PR2240 号

书　　名：	**AI 管理——数字化时代管理升级策略** AI GUANLI: SHUZIHUA SHIDAI GUANLI SHENGJI CELÜE
作　　者：	王　琳　李朋书　王进京

责任编辑：	马慧君	编辑部电话：(010)51873005	
封面设计：	郭瑾萱		
责任校对：	苗　丹		
责任印制：	赵星辰		

出版发行：	中国铁道出版社有限公司(100054,北京市西城区右安门西街 8 号)
网　　址：	https://www.tdpress.com
印　　刷：	天津嘉恒印务有限公司
版　　次：	2025 年 5 月第 1 版　2025 年 5 月第 1 次印刷
开　　本：	710 mm×1 000 mm　1/16　印张：15.25　字数：202 千
书　　号：	ISBN 978-7-113-32055-3
定　　价：	68.00 元

版权所有　侵权必究

凡购买铁道版图书，如有印制质量问题，请与本社读者服务部联系调换。电话：(010)51873174
打击盗版举报电话：(010)63549461

前　言

在数字化浪潮下,每一个企业、每一个组织,乃至每一个个体,都站在一个全新的十字路口。AI的迅猛发展,不仅深刻地改变了我们的生活方式,更以前所未有的力量推动着管理革新与升级。面对复杂多变的市场环境和新的技术挑战,传统的管理模式弊端凸显。因此,本书应运而生,旨在为管理者提供一套系统、全面的管理升级指南,助力他们在AI时代中乘风破浪,引领企业走向更加辉煌的未来。

本书共十二章,从理论到实践,从战略到执行,全方位、多角度地探讨了AI如何赋能企业管理,推动管理模式深刻变革。本书从宏观层面出发,探讨了数字化转型的必要性、AI在这一进程中的关键作用,以及AI如何优化企业价值链、推动管理从流程驱动向模型驱动转变。同时,还关注管理者在AI时代的新定位,强调了技术进步对领导力、管理职能及管理者自身成长的深远影响。

数据作为AI时代最宝贵的资产之一,其重要性不言而喻。本书探讨了数据驱动的管理升级策略,包括精细化管理、网络化协同、任务管理与价值流动管理的转换等。同时，本书还关注组织进化，从控制到赋能、从科层制到平台化、从分工到协同共生，为企业构建更加灵活、高效的组织形态提供了新思路。此外，还介绍了敏捷团队的建设与管理，强调了快速响应与灵活机动在当今商业环境中的重要性。

AI 在招聘、培训、绩效管理、薪酬管理等各个环节的应用，不仅大幅提升了工作效率，也使企业决策更加科学、公正。工作自动化与无边界沟通是实现办公升级、消除沟通障碍的关键所在，能够帮助管理者更好地理解并应用 AI 技术，提升管理效能与水平。

在 AI 时代，知识创新与组织学习成为企业持续发展的重要动力。通过数据共享、资源同频、制定可量化的复制策略等方式，企业能够迅速复制成功经验，推动组织实现快速成长。管理者应变革思维方式，以创新思维打造现代管理体系并构建核心竞争力，推动组织共生的目标实现。只有不断适应变化、勇于创新的管理者，才能在 AI 时代的竞争中脱颖而出，引领企业走向更加光明的未来。

本书不仅是一本关于 AI 与管理的书籍，更是一本关于未来、关于变革的书籍。它凝聚了作者对 AI 时代管理变革的深刻洞察与独到见解，旨在为管理者提供一套可操作、可复制的管理升级方案。通过对本书的学习与实践，广大管理者能够更好地把握 AI 时代的机遇，以更加智慧、更加高效的管理方式，推动企业不断向前发展。

作　者

2025 年 1 月

目　　录

第一章　现代管理：AI 时代管理新模式

01　数字化转型：引领管理变革之路　/ 3

02　AI 提速：加速数字化转型进程　/ 6

03　AI 时代，企业价值链的智能优化　/ 9

04　AI 赋能，流程驱动向模型驱动转变　/ 11

05　企业级 AI 平台助力企业管理　/ 13

06　模块化 AI，助力企业完成多类型混合目标管理　/ 15

第二章　AI 赋能：管理与 AI 紧密"牵手"

01　从狭义到广义，再到通用　/ 19

02　AI 是降本增效的重要"武器"　/ 22

03　不依赖感觉的科学管理策略　/ 25

04　重心变革：从管理人到管理 AI　/ 27

05　人机交互与协作走向常态化　／ 29

06　海纳 AI：探索智能招聘方案　／ 32

第三章　管理者新定位：技术促进管理变革

01　技术进步催生新领导力　／ 37

02　AI 在管理职能中的可能性　／ 39

03　管理者要做好四个重塑　／ 41

04　协调利益相关者很重要　／ 43

05　榜样效应：管理者率先转型　／ 45

06　新定位之自我进化　／ 47

07　新定位之面向未来　／ 49

08　新定位之持续变革　／ 51

09　现代管理者的新特质　／ 53

第四章　数据驱动：AI 时代管理升级核心

01　数据时代的精细化管理　／ 57

02　实现数据转型，从 BI 开始　／ 59

03　网络化协同：部门互联互通　／ 61

04　任务管理与价值流动管理比较　／ 63

05　管理组织的金字塔＝数据应用的金字塔　／ 65

06　数据的种类与收集工具　／ 67

07　员工数据的可信任度　／ 69

08　管理者如何"玩转"数据　／ 71

09　联合利华：以 AI 助力员工成长　／ 73

第五章 组织进化：协同共生是数字管理精髓

- 01 新功能：从控制到赋能 / 77
- 02 新架构：从科层制到平台化 / 79
- 03 新能力：从分工到协同共生 / 81
- 04 新目标：兼顾"人"的意义 / 83
- 05 韧性组织：不确定时代的生存法则 / 85
- 06 反脆弱组织：抵御"黑天鹅"风险 / 87
- 07 指数型组织：企业快速成长的秘密 / 89
- 08 亚马逊：反脆弱组织的养成之道 / 91

第六章 敏捷团队：快速响应与灵活机动

- 01 团队是企业的最小作战单元 / 95
- 02 管理重塑：引爆员工自驱力 / 97
- 03 自我效能感与胜任力拓展 / 99
- 04 强调目标导向，激活习惯力 / 101
- 05 稳固敏捷组织的三角模型 / 103
- 06 通过试点找到敏捷团队的落地方案 / 105
- 07 适合敏捷团队的数字文化 / 107
- 08 员工与组织共享价值成果 / 109
- 09 海尔：敏捷团队的设计原则 / 111

第七章 数字化 HR：激发人力资源管理效能

- 01 AI 让招聘"换新颜" / 115
- 02 面试 AI 化，效率大幅提升 / 117
- 03 AI 与入职环节的"化学反应" / 119

04 新时代的 AI 培训路线 / 121

05 打造基于 AI 的绩效体系 / 123

06 "AI＋薪酬"引爆执行力 / 125

07 离职管理：AI 降低离职率 / 127

08 舆情监控降低管理风险 / 129

09 大众汽车：建立 VR 门户，提供 VR 培训 / 131

10 腾讯乐享：一站式的企业社区 / 133

第八章 智能决策：决策精准才能管理到位

01 AI 决策是否比人工决策更高明 / 137

02 精准解码战略，你也是战略家 / 139

03 资源分配决策：可信赖的"脑" / 141

04 发挥数据在决策中的价值 / 143

05 借助 AI 找到决策点 / 145

06 科学预判与精准决策的融合 / 147

07 管理决策的四种新形态 / 149

08 机器交互克服"有限理性"障碍 / 151

09 谷歌：让 AI 成为决策者的"好搭档" / 153

第九章 工作自动化：办公进入升级阶段

01 从智能算法到自动化流程 / 157

02 营销部门：AI 设计宣传与推广方案 / 159

03 销售部门：系统自动编辑销售用语 / 161

04 公关部门：设计公关方案 / 163

05 客服部门：节日祝福模板与发送提醒 / 165

06 人力资源部：借助 AI 检测员工工作进度 / 167

07 AI、RPA 与 Agent：实现企业降本增效 / 169

08 IBM：将 AI 与日常工作深度融合 / 171

第十章 无边界沟通：消除一切沟通障碍

01 沟通好，才能释放更强的创造力 / 175

02 七种沟通到点子上的黄金法则 / 177

03 高效的数字化线上沟通工具 / 180

04 远程办公背后的协作机制 / 183

05 打造开放式办公空间 / 185

06 打破部门墙，消除信息孤岛 / 187

07 AI 时代要有跨职能团队 / 189

08 字节跳动：飞书助力员工远程协作 / 191

第十一章 共享学习：迅速复制成功经验

01 AI 时代的知识创新与组织学习 / 195

02 数据共享与资源同频比较 / 197

03 跨越"能力代沟"，与趋势同行 / 199

04 三步制定可量化、可持续的复制策略 / 201

05 总结成功经验，形成工作指南 / 204

06 智能设备是实现共享的必备工具 / 206

07 线上学习平台，满足成长需求 / 208

08 智能笔记管理，解决共享问题 / 210

09 华为：满足不同场景的学习需求 / 212

第十二章 决胜未来：管理者转型方案

01 洞察趋势，探索管理的新方向 / 217

02 角色转变，从指挥者到引导者 / 220

03 变革思维模式，开启转型之路 / 223

04 提升领导能力，引领未来团队 / 225

05 强化战略规划，布局未来市场 / 227

06 决策优化，确保管理决策精准 / 229

07 关注 AI 伦理和安全问题 / 231

第一章 现代管理：AI时代管理新模式

随着技术的不断进步，人工智能（artificial intelligence，AI）作为第四次工业革命的核心驱动力，正引领人类社会进入一个全新的智能化时代。近年来，AI技术经历了从半监督机器学习到基于多层神经网络的深度学习，再到如今的生成式AI的演进。与此同时，大量融合了AI和自动化技术的数字化工具与设备正迅速融入各行各业的生产过程，已然形成不可逆的企业数字化转型大势。

在这样的时代背景下，如果企业想脱颖而出，就必须对生产经营方式和运营流程进行一系列的数字化升级改造。企业管理方法也迫切需要升级，以适应新技术和新设备，从而形成与AI时代相匹配的新型管理模式。

01　数字化转型：引领管理变革之路

数字化转型不仅是一个企业引入数字技术的变革过程，更是企业经营思维、管理方式和组织结构的数字化变革过程。数字化转型给企业带来哪些好处呢？

1. 数字化转型能够助力企业高效运营

借助数字技术，企业能够实现业务自动化、智能化，提高业务运作效率和质量。同时，企业能够实现精细化管理，凭借对数据的实时监控与分析，掌握自身运营情况，提高管理精度。

例如，在自动化流程方面，企业可以借助数字技术实现自动化仓储管理、自动化生产、自动化客户服务等，在减少人工失误的同时提高运营效率；在数据驱动决策方面，企业可以收集、分析大量数据，特别是从非结构化数据中洞察与梳理业务流程、客户行为等，进而作出更加明智的决策，有效提升运营质量和效率。

2. 数字化转型能够驱动企业创新

借助数字技术，企业能够获得更丰富的数据，更及时地理解客户需求和市场变化等，打造出更符合市场供求关系的产品和服务。例如，借助生成式 AI，企业能够加速创意内容生成和客户服务响应，从而显著提高创新工作的效率。

有内容营销需求的企业可运用小鹅通、纷享销客、略知等软件运营服务

(software as a service,SaaS),基于其中的社会化客户关系管理系统(social customer relationship management,SCRM)增强销售过程中的数据获取和分析能力,清晰地了解当前的市场趋势、客户需求等,有针对性地对营销策略与销售过程进行优化,以抢占先机。此外,企业还可以借助SaaS软件的生成式AI功能,提升营销素材和宣发内容的更新效率以及产品迭代频率,从而加速创新进程,实现运营突破。

3. 数字化转型有助于企业可持续发展和履行社会责任

通过实施数字化转型,企业可以实现环境友好的运营,例如,通过智能能源管理和资源优化减少资源浪费。同时,数字化转型有助于企业降低碳排放、减少污染,增强了企业的环保意识和社会责任感,实现了企业可持续发展和社会价值的平衡。

4. 数字化转型不仅能够重塑企业的组织结构,还能深刻影响企业文化

通过改变企业的生产方式和信息流通模式,以及优化人员配置和团队架构,数字化转型显著提高了内部协作效率,具体如图1.1所示。同时,在这一过程中加强对员工的内部培训,可以有效激发全体员工的创新思维,进而驱动企业文化的全面变革。

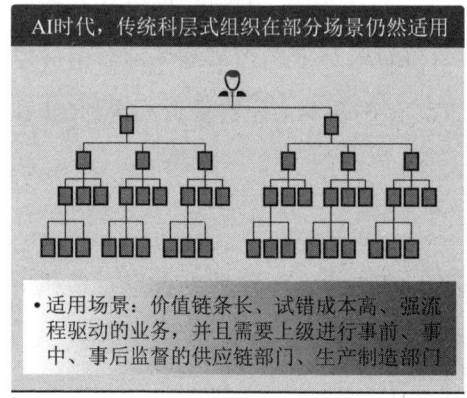
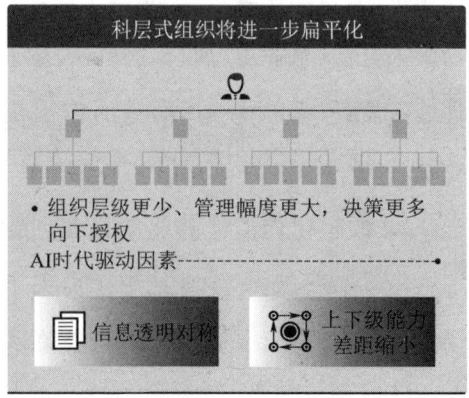

图1.1 AI时代企业组织结构的变化

在数字化转型过程中,不同类型的企业可以结合自身情况对组织结构进行阶段性调整,以形成更灵活、更高效的组织形态。AI时代的网状组织示例如图1.2所示。

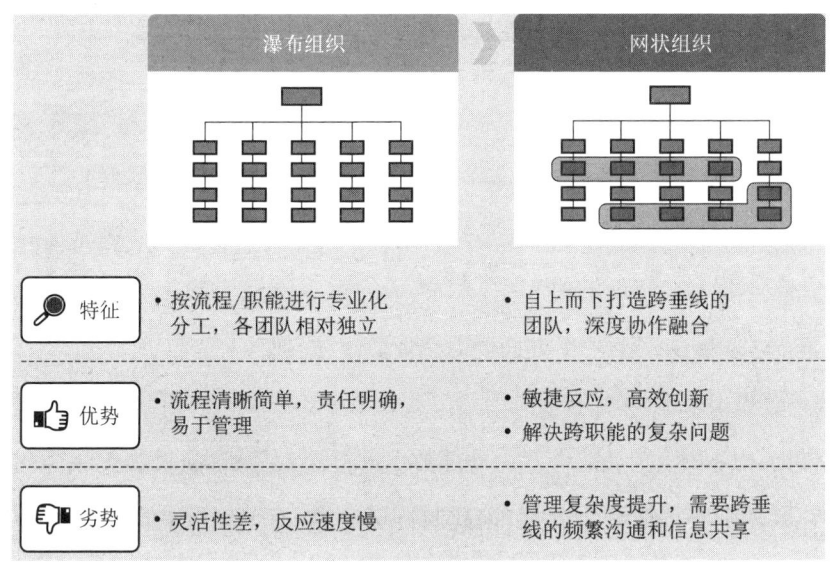

图1.2　AI时代的网状组织示例

数字化转型能够激发组织活力,打破部门壁垒,优化业务流程,进而提高组织的敏捷性。在企业文化方面,在数字化转型过程中,企业会更注重培养员工的数字化思维与共享协同意识,鼓励员工探索新技术,以深入参与数字化转型。这能够进一步强化全员的创新与变革意识,营造积极、开放、勇于探索的企业文化氛围。

总之,在当前的数字化时代,数字化转型已成为企业持续发展的必然选择。数字化转型是一个由数字技术驱动进而推动企业管理变革的过程,能够有效提升企业运行效率、驱动企业创新,是企业突破内卷、力争上游的必经之路。

02　AI 提速：加速数字化转型进程

在企业数字化转型的过程中，AI 技术的融入能够为数字化转型提速。具体而言，AI 能够从以下六个方面助力企业数字化转型：

1. 数据分析和感知优化

借助 AI 技术，企业能够对内外部数据进行深入分析，从过去无法访问的非结构化数据中获得情境化洞见，据此制订更完善的运营计划。例如，供应链管理者可以利用生成式 AI，通过扫描大量公开的在线资源来收集和分析数据，进而为预测未来需求趋势和改进经营决策提供有力支持；将生成式 AI 嵌到供应链控制塔当中，增强用户与数据的交互，提高系统可解释性和感知信任度；生成式 AI 与现有自动化流程相结合，不仅简化了供应链操作流程，还提升了整体运营效率，为企业带来了显著的效益。

客观上来说，AI 的引入会让企业更有动力进行内部 BI 数据系统的搭建与外部数据采集系统的完善，这是因为 AI 提升了数据分析效率与产出价值。

2. 办公流程优化

在企业数字化转型过程中，基于 AI 技术的机器人流程自动化（robotic process automation，RPA）技术，可广泛应用于员工招聘、社保结算、差旅费管理、个人所得税申报、考勤管理、工资单发放、员工数据档案管理等多个应用场景，极大地节约了人力成本，并且提高了数据的准确性和完整性，大幅提升了企业管理效能。例如,在项目管理方面,企业可以借助 RPA 技术实现智能化的项目进度与电子文档管理,提高信息共享与协同的速度,进而提升项目完成效率。

另外,企业可以借助 AI 技术开发智能助手,为员工提供智能化的工作指引,帮助员工解决常见的工作问题。例如,在销售部门,AI 智能助手可以使新员工快速上手,帮助其结合客户历史问答内容与营销素材库快速学习销售知识,实现事半功倍的业务效果。

3. 自动化、智能化生产

AI 技术能够助力制造型企业优化生产流程,实现自动化、智能化生产。企业可以引入智能化的工业机器人,通过自动化算法控制机器与设备,实现高效生产。例如,一些仓储物流企业通过采购类似 KNAPP(科普纳自动化系统)等嵌入 AI 技术的拣选机器人,实现了全天候全自动的订单处理。

4. 供应链管理与优化

AI 通过分析预测帮助企业优化库存水平,降低库存积压和缺货风险。智能算法可以预测市场需求,自动调整采购计划和生产计划,提高供应链的响应速度和灵活性。同时,AI 还能够监控整个供应链的质量情况,及时发现供应商存在的问题,保障原材料和零部件的质量。

5. 财务管理

通过对大量财务数据进行分析与建模,AI 能够智能分析企业财务情况,提供财务规划与财务优化建议。同时,AI 还能够自动生成财务报表和财务分析报告,为企业的财务管理提供数据支持。

6. 人力资源管理

基于 AI 数据分析,企业能够了解不同员工的能力、优势与缺陷,制订个性化的培训方案与学习计划,提高员工素质。同时,基于对员工绩效与行为数据的智能分析,企业可以打造更加合理的员工激励方案。

7. 风险管理

AI能够帮助企业优化风险管理，提供安全保障。借助视觉识别技术，企业能够实时监控并分析异常行为、安全事件等，预测并防范潜在风险。同时，在网络安全方面，企业可以借助大语言模型、无监督机器学习、深度学习等技术识别网络风险、阻止恶意攻击等，保护企业的信息安全。

总之，AI技术可以从多方面为企业的数字化转型提供助力。企业如果想突出重围，需要根据自身需求与实际情况，与时俱进地引入AI技术，小步快跑打造数字化的生产运营系统，进而加速数字化转型进程。

03　AI时代，企业价值链的智能优化

价值链指的是企业价值创造过程中一系列活动构成的链条。企业的经营活动产生不同的价值，能够细化为各种价值活动。而企业盈利，本质在于其创造的价值高于其进行价值活动所花费的成本。因此，企业要想更多盈利，需要做到以更低的成本进行价值创造活动，或者能够通过价值创造活动获得更高价值。

在AI时代，AI技术能够实现企业价值链的智能化重塑，实现降本增效，提高企业盈利。AI赋能企业价值链重塑主要体现在以下四个方面：

1. 产品研发与设计

在产品研发与设计方面，AI技术能够帮助企业进行市场洞察，实现针对用户群体的更精准的产品研发。生成式AI能够助力产品的个性化开发与设计，提高产品出品率。例如，一些服装电商企业已经开始借助大数据与AI技术，分析市场的潮流动向，然后在线设计出全新的服装款式，再运用生成式AI生成新款服饰的模特图片，发布到社交媒体上收集用户的兴趣数据，甚至发布到电商平台进行新品预售。这样，企业能够提前了解市场对新品设计的反馈，在缩短产品开发周期的同时，还节约了从新品制版打样到请模特拍图的一系列成本，实现了降本增效。

2. 生产与供应链管理

在生产与供应链管理方面，借助各种智能设备与系统，企业能够打造智能

化的生产线与供应链体系,大幅提高运作效率。例如,智能监测系统能够实现全链路多场景的生产环境数字孪生,从而实时监测生产设备的运行情况、原材料供给情况等,及时发现和处理生产过程中的各类问题,保障高效生产。

在库存管理中,基于视觉识别技术的智能系统可以识别商品信息,实现自动化库存管理,减少人工操作的错误和成本。同时,智能系统还可以帮助企业实时掌握库存情况,优化库存结构,提高库存周转率。

3. 市场营销与销售

AI 技术能够应用在企业市场营销与销售过程中,提升活动效果。例如,企业可以借助微盛、尘锋等 SCRM 软件与大数据技术进行销售过程中的用户画像、用户购物行为等数据采集与分析,及时了解用户的需求,进而动态地进行个性化推荐与精准营销;或者利用类似探迹这样的智能外呼系统,结合大数据筛选,精准触达目标人群。

此外,企业还可以借助 AI 打造智能化的全域营销系统,将公域获客与私域转化的全链路数据用技术接口打通并进行综合运营,实现"公域引流—私域留存—公域二次触达—活动转化"的营销玩法,以提升营销效率、优化业绩指标。

4. 客户服务

在客户服务方面,基于 AI 的智能客服能够取代部分人工,帮助企业处理一些标准化的客户问题,并对非标准化问题给予人工指引,提升综合服务效率。同时,AI 也能够分析客户服务数据,了解客户评价与反馈,为企业改进产品、优化服务提供数据支持。例如,部分电商企业运用艾客等数字化工具,实现多平台的客户服务支持与私域留存转化,实现客户服务与客户运营的双重效率提升。

04　AI 赋能，流程驱动向模型驱动转变

在企业管理中，AI 能够渗透到管理流程的诸多环节，辅助或代替人工完成工作。这能够变革企业的管理模式，使企业管理由流程驱动转变为模型驱动。

在数字化时代，很多企业都引入多样化的系统助力管理，如客户关系管理（customer relationship management，CRM）系统、企业资源计划（enterprise resource planning，ERP）系统等，形成了流程驱动的管理模式。但随着企业数据量与日俱增，数据价值不断凸显，传统的管理系统和流程驱动的模式已不足以支撑企业持续发展的需要。

随着 AI 能力向企业管理的渗透，各种企业管理系统迎来智能化变革，企业管理转向模型驱动。在企业管理的各个环节，基于各种 AI 模型的智能应用发挥重要作用，能够提升企业管理效率。

在流程驱动模式下，各环节依赖人工填写大量的结构化数据以支撑其运转。而在模型驱动模式下，烦琐的环节得以简化，同时，也节省了管理与维护成本。有了 AI 的助力，各种管理环节趋向自动化与智能化，赋能管理效率提升。

例如，在审批环节，AI 可以实现智能审批决策。在传统审批过程中，各种活动需经过多级审批，如上级审批、财务审批等，耗时长且效率低下。而 AI 审批助手则能全天候实时响应，快速给出审批结果。如果审批未通过，AI 审批助手还能根据具体原因给出补充资料提示，帮助员工发现并修正审批材料中的

问题。

再如，运用AI风控模型，企业不再需要借助流程串联人与事，而是通过风控模型中转事务，并向相应的员工派发工作。特别是在工业智能制造领域，部分黑灯工厂（又被称为智慧工厂）已实现由智能机器人或自动化设备按照系统指令自行完成从原材料到成品加工的整个流程，相关的生产、存储、搬运、检测环节无须人工操作。只有当设备故障或者员工的行为存在风险时，风控模型的风险评估机制才会被触发，根据各种数据模型进行综合决策与工单派发。

总之，未来在模型的驱动下，AI将融入各类场景，为企业管理提供多样化的智能支持，更好地为业务赋能。

05 企业级 AI 平台助力企业管理

企业级 AI 平台通过先进的技术和智能化手段,显著提升了企业的运营效率和管理水平。这些平台利用大数据分析、机器学习和自然语言处理等技术,为企业提供全面的解决方案,帮助企业实现数据驱动的决策和智能化管理。

以金蝶 Cosmic AI 管理助手为例,作为一款面向企业用户的超级智能管理工具,其拥有四大核心能力:感知、记忆、思考、行动。这些能力使得它能够精准地理解企业用户在财务、人力、采购以及开发等多个业务场景中的具体需求,并据此提供高度个性化的智能助手解决方案,以满足企业用户多样化的管理需求。金蝶 Cosmic AI 管理助手的具体功能主要有以下四个:

1. 财务管理

金蝶 Cosmic AI 管理助手功能强大:自动记账精准高效,实时查询让财务状况一目了然,一键报税便捷省心,数据分析能为企业决策提供有力支持,助力财务管理智能化升级。金蝶 Cosmic AI 管理助手依托金蝶打造的财务大模型,以及金蝶 30 年财务专业知识积累和数百万客户成功实践,提供全面专业的分析、审核和预测服务,加速企业财务管理智能化跃升。

2. 客户服务

在客户服务方面,金蝶 Cosmic AI 管理助手 24 小时陪伴小微企业,通过智能问答服务即时响应产品应用和财税知识咨询,提升工作效率和客户满意度。

3. HR 管理

金蝶 Cosmic AI 管理助手巧妙地将 AI 技术与管理人员选拔相结合,实现智能的人才选择和推荐,极大地提升了人才选拔的效率和精准度。同时,通过智能化的排兵布阵,精准地匹配人员与任务,优化企业内部资源配置,使人力资源得到更为合理的利用。

4. 经营管理

金蝶 Cosmic AI 管理助手还为企业高管提供了数智化的经营管理解决方案,不仅能够深度分析业务数据,还能实时洞察市场与运营状况,助力企业优化决策,并自动识别潜在风险,确保企业稳健发展。

金蝶 AI 还为企业打造了一套全面、可信的企业级 AI 解决方案。在平台层,它以新一代企业级 AI 平台为核心,为企业提供强大的大模型管理能力,支持接入第三方大模型,实现 AI 智能体的无代码开发。而在应用层,该解决方案提供覆盖财务、人力、制造、开发等多个领域的 AI 应用,帮助企业重塑业务能力,进一步提升竞争力。

企业级 AI 平台通过自动化处理大量重复工作、实时监测和调控资源、建立规范化工作流程机制等,帮助企业提高运营效率、降低成本、优化决策,进而提升企业的市场竞争力。随着人工智能技术不断发展,企业级 AI 平台的功能和应用场景将不断拓展,为企业管理带来更多便利和创新。

06　模块化AI，助力企业完成多类型混合目标管理

2024年4月，阿里巴巴集团旗下的智能移动办公平台钉钉发布了一款名为Agoal的产品，是企业管理系统中一个比较典型的模块化AI解决方案。该产品充分借鉴了众多大型企业的组织管理经验及阿里巴巴的实战案例，旨在实现工具与组织的高度适配，而非让组织去适应工具。

Agoal融合了组织绩效、目标与关键成果法（objectives and key results，OKR）、关键绩效指标（key performance indicator，KPI）、个人绩效承诺（personal business commitment，PBC）等多维度目标管理、过程管理以及绩效考核等功能模块，旨在为企业管理的优化与提升注入强大动力。

Agoal融合了众多大型企业组织管理经验以及阿里巴巴的实战经验，其独特之处在于，倡导让工具满足组织需求，而非让组织适应工具。Agoal支持多类型混合的目标管理方式，具备全面且灵活的系统配置能力，提供多种自定义管理功能模板和审批流程，能满足不同企业在目标设定上的特定需求。其核心优势在于先进的多模块AI应用，集成了可以自由组合的卓越的泛化学习能力与高效的思考反馈能力。

在应用方面，它能够运用人工智能技术有效地归纳项目协作伙伴的工作进展，确保各参与方的进度对齐，并能快速生成周报或月报文档，显著提升团队协同中总结与汇报的效率。

随着数据量的积累，Agoal 内置的 AI 表达方式会更加贴近使用者的习惯，并可以根据各类信息进行思考，给出目标制定建议和内容，提高企业及员工目标制定的合理性和效率。

例如，一家拥有约 2 万名员工和 6 000 多个零售点的大型制造零售巨头，在传统的运营模式下，其战略执行力低下，难以将战略目标与实际经营指标有效对接。在接入了钉钉 Agoal 平台后，企业总部的管理团队就可以利用其目标地图等功能，将顶层战略逐级分解，然后与员工的绩效评估紧密关联。基于 Agoal 产品，该企业构建了经营责任制管理体系和经营指标库，实现了目标对齐和跟进以及对目标完成过程的全面追踪，完成了多类型混合的目标管理。

第二章 AI赋能：管理与AI紧密『牵手』

AI 不再是遥不可及的科技概念,而是切实融入管理实践的有力工具。它如同强大的引擎,驱动着管理模式创新与升级。当管理与 AI 紧密结合,企业能够凭借数据洞察挖掘潜在机遇,优化决策流程,提升运营效率。

01　从狭义到广义，再到通用

狭义的人工智能指的是在单一或特定专业领域和任务中展现卓越性能的AI模型。从专业视角来说，一种信息类型属于一种模态，AI模型具有清晰界定的应用范围和任务限制。

例如，语言、图像、语音、视频分别是一种模态。一个模型如果只能根据文字要求生成另一段文字，或者只能文生图、文生语音或者视频，就是单模态模型。如果一个模型既可以接收多类型素材，又可以生成文字、代码、图像、语音、视频等多类型内容，就是多模态模型。

而广义的人工智能更接近"普适智能"的概念，它指可以在多个领域或多元场景任务中发挥作用，具备泛化能力和普适性，可以结合运用情形以相对智能化的方式来帮助人们处理各种性质迥异问题的工具或者系统。

通用人工智能（artificial general intelligence，AGI）是指具备高效学习和泛化能力的智能体，它能够根据所处的复杂动态环境自主产生并完成任务。这样的智能体必须具备自主的感知、认知、决策、学习、执行和社会协作等能力，并且符合人类的情感、伦理与道德观念。

图灵测试曾是衡量人工智能是否达到人类水平（即通用人工智能）的标准。然而，随着ChatGPT的诞生，这一标准已经不再适用。因此，人类需要寻找一个新的标准来定义什么样的人工智能才能被认为是通用的。目前，这样的统一标准尚未形成。

有人认为达到类人或超人水平的 AGI 需要有意识和自我,但迄今学术界并未清晰定义过究竟什么才是意识,更不知道如何构建意识。也有人认为即使没有意识,AI 也可以作出一些没有学习过的决策(业内称为"智慧涌现"),就像 AlphaGo 下出人类棋手从未见过的"第 37 步棋"一样。让一些人开始担心 AI 或将失控的,正是这种不可预测性。

从狭义到广义再到通用人工智能的演进,标志着人们对人工智能的关注、期待与渴望以及持续不断的研究。AI 赋能管理的领域和效能,也在随着技术的不断进步而发生变化。

在狭义视角下,AI 主要应用于完成特定的管理任务或者内容生成,如优化数据处理流程、提升风险预测的精确度、图文视频类的内容生成等,从而助力企业提升效率和决策的准确性。

在广义视角下,AI 在管理中的应用更为广泛,如进行自动化的场景数据采集与融合、跨部门的复杂数据分析、结合市场行情的综合决策支持等,底层逻辑是可以更有效地整合和利用信息流动的资源。

未来,当 AI 发展到通用阶段,它将深入管理的各个层面,展现出类似人类的智能和灵活性。智能系统能够适应不同的管理环境和需求,提供全面、灵活、智能的管理解决方案,极大地推动管理创新和效能提升。

在广义视角下,AI 改变企业运作方式的应用案例见表 2.1。

表 2.1　AI 改变企业运作方式的应用案例

系统	AI 的作用	具体表现
ERP	分析大量业务数据	为企业提供更精准的需求预测、库存管理建议等
CRM	自动分析客户反馈和需求	提供个性化的服务和解决方案
供应链系统	实时监控供应链数据	预测需求变化,优化库存管理和物流路线。一些企业用机器学习算法预测产品销售趋势,提前调整库存和采购计划,降低库存成本,提高客户满意度

在市场营销领域，AI还可以预测目标人群的购买行为和偏好，从而帮助企业制定更有效的营销策略。

为了实现从专业到全面再到普适性的转变，运用AI的管理者必须克服一系列技术与实践难题，在选对工具与系统的大前提下，需要注意提升AI系统的学习效率和泛化性能、确保数据的质量与安全，以及应对AI带来的幻觉和伦理挑战。同时，他们需要在管理理念、操作流程及人才培育等层面进行相应的革新，以充分利用AI的潜力和优势。

在这个进程中，技术的持续更新、数据的丰富多样以及算法的不断优化将发挥决定性的影响。跨领域的合作与创新也将加速AI在管理实践中的广泛应用和深度融合。

当前的AI在基于观测数据进行预测方面表现出色，但在超出数据范围的推理和多步逻辑推理方面存在局限。其未来发展的关键在于升级逻辑推理能力，并结合知识规则以及数字世界与物理世界的多元信息，以揭示未知的规律。

总之，AI对管理的赋能在从专业到泛化再到普适的转变中持续演进，这个过程需要管理者不断推进技术创新、深化跨领域协作，并转变管理思维。这样才能彻底激发AI在提升管理效能、优化决策过程以及催生创新力量等多元层面的无限可能。

02 AI 是降本增效的重要"武器"

AI 是推动效率提升与成本削减的强大工具。它不仅在推动企业数字化转型、提升信息处理效率上发挥关键作用,更在提升社会劳动力生产率、降低人力成本、优化产品与服务质量、开辟新市场空间等方面引领深刻的变革。

波士顿咨询的研究报告指出,AI 时代的人才结构将由传统的"金字塔形"逐步向"松树形"演进,如图 2.1 所示,使得员工能够更高效地完成任务,同时最大化每一层级人才的价值。

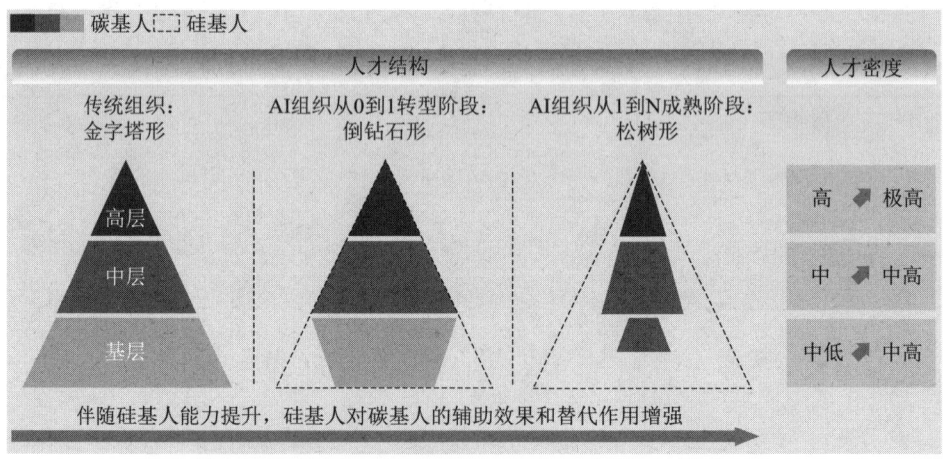

图 2.1 AI 时代人才结构的变化

在 AI 组织初创的探索阶段,即从无到有的创新时期,其人才结构像倒置的钻石。在这个阶段,由于 AI 技术和硅基人(与碳基人——以碳元素为有机物质基础的生物,像人类等生态,硅基人以硅元素为基础构建身体和生命活动的生命体)的能力有限,组织倾向于采取保守策略,先在较小的范围内试验 AI 的应用,再逐步扩大其应用范围。因此,硅基人主要作为基层员工的助手或替代者,特别是在基层岗位上,替代效应尤为显著。

当 AI 组织步入成熟的发展阶段,即从一到多的扩展时期,其人才架构可能会转变为松树状。随着硅基人能力的不断提升和 AI 在组织内部的广泛应用,各层级的碳基员工(即人类员工)数量都会有所减少。这使得组织结构更加精简,形成一个更加紧凑的"金字塔"。在基层,硅基人的替代效应更加突出,能够完全承担基础性工作,导致整体碳基员工的数量少于中层员工,形成一个更加扁平且狭窄的梯形结构。在这一阶段,许多人才的职业发展起点不再是基层岗位,而是直接从中层开始。

随着 AI 时代的到来,各层级人才所需的能力也发生了变化。高层人才具备极高的专业素养,他们通常是 AI 领域的顶尖专家和具有战略眼光的核心管理者,负责规划战略方向、变革策略,高效配置 AI 资源,并协调硅基人与碳基人之间的关系。

中层人才则既精通业务又了解 AI 技术与应用,能够将业务与 AI 应用紧密结合,充分发挥 AI 的潜力以提升工作效率。

基层人才则在明确的顶层战略指导下高效执行任务,并能够及时发现和反馈一线业务问题,例如,纠正硅基人的输出结果、处理硅基人尚无法处理的复杂问题等。随着 AI 技术的不断进步,高层、中层和基层人才的密度都将不断提高。

以软件测试为例,云测试是 AI 技术的典型应用。作为行业内的佼佼者,Testin(云测)率先将 AI 等前沿技术融入测试行业,其 iTestin 智能测试解决方案集成了机器学习、深度学习等 AI 技术,实现了多项创新:支持自然语言输入,构建行业内最大数据集，利用图像识别和定位控件元素，以及支持跨平台录制测试脚本。这些突破不仅提升了测试的用户友好度和工作效率，还显著降低了脚本调试和维护的成本，助力企业降本增效。

Testin 云测的云测试服务为企业带来了显著的效益。它减轻了企业购买和维护硬件设备的经济压力，大幅度减少了设备购置、部署和测试的成本，而且其创新的自动化脚本录制工具进一步提高了测试的效率和精度。

此外，这项服务还降低了人力资源成本，企业无须维持一个专业的大型测试团队，甚至可以不设立固定的测试部门，从而极大地压缩了人力成本。据估算，无论企业规模大小、处于什么行业，将全部测试工作委托给 Testin 云测，都能实现至少 50% 的效率提升和 30% 的成本削减。

在众多产业领域中，AI 的渗透力日益增强。例如，在零售领域，企业通过 AI 技术进行数据分析与预测，实现智能化库存管理与物流配送，确保果蔬等商品的保鲜度；在金融领域，智能合约审查系统统一了审查标准，提高了工作效率，降低了对人力资源的依赖。

AI 工具在企业内部的应用显著降低了运营成本，提升了运营效率。企业可以根据自身独特的业务需求，选择合适的 AI 应用，以创造更多价值，提升自身的竞争力。

03 不依赖感觉的科学管理策略

AI 的兴起为各行各业带来了前所未有的机遇与挑战。在 AI 时代,管理者应摒弃依赖感觉的管理方式,转而采用科学的管理策略。如今,借助 AI 工具和系统进行科学管理,已成为不可逆转的趋势。

传统管理模式往往依赖于管理者的个人经验和感觉,存在诸多弊端,如主观性过强、决策不够精准、效率低下等。相比之下,AI 管理以数据为基石,利用先进的算法和模型进行分析和决策,具有高度的客观性、准确性与高效性。

1. AI 能够实现全面的数据收集与分析

在管理过程中,数据的重要性不言而喻。AI 可以自动采集来自各个渠道的海量数据,涵盖市场动态、客户需求以及员工表现等。通过对这些数据的深入剖析,管理者能够获取准确的信息,明晰企业实际情况,进而作出更为科学合理的决策。例如,通过分析销售数据,AI 能够助力企业确定最畅销的产品以及最具潜力的市场,为企业制定市场营销策略提供有力的依据。

2. AI 能够实现智能化的流程管理

企业运营涉及众多复杂流程,如生产流程、供应链管理、客户服务等。AI 可以对这些流程进行自动化处理,从而提高效率、降低成本。例如,在生产流程中,AI 能够实时监测设备运行状态,预测设备故障并提前进行维护,避免生产中断。在供应链管理中,AI 可以依据市场需求和库存情况,自动调整采购和生产计划,确保供应链顺畅运行。

3. AI 还能够实现个性化的员工管理

每名员工都有其独特的特点与需求,传统的"一刀切"管理方式往往难以满足员工的个性化需求。AI 可以通过分析员工的工作数据和行为模式,了解员工的能力与潜力,为员工提供个性化的培训和发展计划。同时,AI 还可以实现智能化的绩效考核,客观公正地评价员工的工作表现,激发员工的积极性与创造力。

然而,在依靠 AI 进行科学管理的过程中,也不能完全忽视人的作用。虽然 AI 具备强大的数据分析和决策能力,但它缺乏人的创造力、情感理解和人际交往能力。因此,在管理过程中,管理者需要与 AI 工具、系统紧密合作,充分发挥各自的优势,共同实现科学管理的目标。

总之,在 AI 时代,不依赖感觉的科学管理是企业发展的必然选择。借助 AI 工具、系统等进行科学管理,能够实现全面的数据收集和分析、智能化的流程管理以及个性化的员工管理,进而提高管理效率,降低成本,增强企业竞争力。

04 重心变革：从管理人到管理 AI

在传统企业管理中，管理的核心在于对人的管理和激励，以确保员工能够高效地完成工作任务。然而，在 AI 时代，随着 AI 在企业中的广泛应用，管理重心开始发生变化：从管理人转变为管理 AI。

管理重心的转移不仅仅是一个简单的概念变化，而是涉及企业运营模式的深刻变革和战略调整。管理 AI 涉及三个方面，如图 2.2 所示。

- AI 系统的部署和优化
- 人机协作机制的设计
- AI 应用效果的评估与反馈

图 2.2　管理 AI 涉及的内容

1. AI 系统的部署和优化

企业需要投入资源来部署适合自身业务需求的 AI 系统，这包括选择合适的 AI 技术、构建或采购相应的软硬件设施，以及进行系统的集成与测试。部署完成后，持续的优化工作同样重要。企业需要收集 AI 系统的运行数据，分析其在不同场景下的表现，通过算法调整、模型训练等方式不断提升 AI 的准确性和效率。此外,随着业务的发展和市场环境的变化,企业还需定期对AI系统进行升级和迭代,确保其始终能够满足管理需求。

2. 人机协作机制的设计

为了实现高效的人机协同,企业需要设计合理的协作机制。这包括明确AI与员工的职责分工,确保各自在擅长的领域发挥最大效用;建立有效的沟通渠道,使AI能够及时反馈信息给员工,同时员工也能向AI提供必要的指导;制定人机协作的流程和规范,确保整个协作过程的有序进行。通过优化人机协作机制,企业可以充分发挥AI的智能化优势,同时保持员工的创造性和灵活性。

3. AI应用效果的评估与反馈

为了衡量AI在企业管理中的实际效果,企业需要建立一套完善的评估体系。这包括对AI系统性能的评估(如准确率、处理速度等)、对人机协作效率的评估(如任务完成时间、错误率等)以及对业务成果的直接贡献评估(如收入增长、成本降低等)。通过定期评估AI应用效果,企业可以及时发现问题和不足,并据此进行反馈和调整。这种闭环的评估与反馈机制有助于企业不断优化AI系统的应用策略和管理模式,从而实现持续的管理改进和业务增长。

然而,企业管理重心向管理AI转移并非一蹴而就,过程中充满了挑战。一方面,企业需要克服技术上的难题,如AI算法的精准度、数据安全与隐私保护等;另一方面,企业还需要解决组织文化和人才结构上的障碍,培养既懂业务又懂AI的复合型人才,建立适应智能化时代的企业文化和管理体系。

05　人机交互与协作走向常态化

人机协作的核心理念在于充分发挥人类与系统的互补优势,巧妙融合两者的特性,以实现任务执行的最优效能。当前,人机交互与协作日益常态化,这一趋势在企业运营的多个方面都有所体现。

1. 客户服务方面

在客户服务方面,企业可以引入 AI 技术,采用"智能优先,人工跟进"的策略。企业可以利用智能客服机器人快速筛选并处理大量常规咨询,有效应对非高峰时段的客户服务需求及咨询量激增的挑战。在人工服务阶段,智能系统持续在后台运作,深度洞察并预测客户需求,为人工客服提供精准的产品知识与信息支持,从而提升服务的精确度和效率。

以艾客智能客服为例,其允许企业系统性地整理问题并输入拟人化的回复,构建一个既专业又符合客户需求的知识库。这确保了客户体验的无缝对接,仿佛与真人交流一般。此外,通过整合多渠道的咨询至一个统一的平台,企业能够实现全面的一站式人机协同服务,提高服务质量和客户满意度。

2. 电销方面

基于大数据和人机协同的电销模式能够从公开数据库中有效筛选目标客户并排除无效号码,如空号、拒接等,直接跳过烦琐的拨号、等待振铃及开场白阶段,使电销人员能够迅速进入深度交流与转化的环节。在初期的客户搜寻阶段,由机器人执行自动拨号等任务,电话接通后,电销人员只需静默监听或关注系统显示的意向标签,等到系统识别出客户意向,再介入对话。

这种模式不仅能够保持电销人员的工作热情,确保通话质量,同时也能使电销人员更专注于高价值的转化工作。此外,机器人还能模拟真人语音与情绪,为客户提供更加真实、亲切的服务体验。

例如,国内的智能销售服务提供商探迹融合了大数据与AI技术,助力企业提高电话销售的效率。它通过挖掘和分析全网信息,构建了一个包含超过1.8亿家企业和上万个分析维度的企业知识图谱。基于此,它结合自然语言处理、机器学习算法等人工智能技术,开发了探迹智能销售云平台和智能销售解决方案,帮助企业提升销售效率。

3. 员工培训

在员工培训方面,融合了人类教练与AI的混合式培训模式,效率显著高于单纯的人类教练或AI教练。人类教练能够巧妙地将AI提炼的见解以更生动、高效的方式传递给员工,从而提升沟通的效能。例如,国内一线的教育类SaaS系统小鹅通可以提供涵盖"AI互动课堂"等板块在内的功能,帮助培训团队提升知识交付效率。

为了更有效地提升企业管理中的人机交互与协同效率,管理者应注重发掘并利用自身与AI的独特优势。人类在领导力、团队协作、创新思维及社交技巧等方面展现出显著优势,而AI则在速度、精确性、可扩展性及量化处理能力等方面更胜一筹。管理者巧妙地融合自身和AI的优势,可以实现更为高效、智能的管理。

在实际应用中,管理者还需考虑人机协作的各种机制,如互补人机协同机制、混合人机协同机制以及多人多机协同机制等。管理者可以通过目标函数设定以及合理的协调方法和目标函数来调节协作者之间的冲突，保证群体行为的一致性，并建立清晰的沟通与交流渠道，以实现和优化共同的目标。

06　海纳 AI：探索智能招聘方案

在一些领先的大型跨国企业中，管理者已经率先在部分工作板块引入 AI 系统，并取得了不错的成效。

例如，某商超巨头在招聘过程中面临招聘标准难统一、一线招聘人员水平参差不齐、候选人筛选不精准、成本高昂等问题。而海纳 AI 作为一家"大规模 AI+视频面试"解决方案提供商，为该商超打造了智能招聘方案，为该商超的招聘工作提供多方面的帮助。

首先，海纳 AI 智能招聘方案成功塑造了该商超在零售业的领先的雇主品牌形象。通过提供标准化的面试官问答音视频录制，统一了企业面试官的形象、面试流程以及候选人的面试体验。候选人只需扫描二维码，便能利用手机随时随地参与面试，并在 AI 面试过程中通过视频介绍深入了解企业文化、工作环境及岗位信息，极大地提升了招聘的便捷性和吸引力。

其次，海纳 AI 助力商超构建了一个智能且高效的人才评估框架。海纳 AI 的资深人力资源专家和 AI 专家紧密合作，经过初期的业务研讨、职位分析及项目概念验证（proof of concept，POC），为商超量身定制一套针对一线岗位的 AI 面试工具和人才评估准则。这一创新不仅促进了员工绩效的提升，还优化了人力资源管理成本，实现了招聘效率与效益的双重飞跃。

最后，海纳 AI 助力该商超打造了下一代企业人才资产管理系统。借助海纳 AI 面试，该商超不仅能获得候选人的文本简历，还可获得视频简历，从而打造视频化的人才库。同时，海纳 AI 面试提供的超级人才报告让面试评估更加结构化、量化和直观，这有助于招聘团队更高效地选人，且长期积累的视频化人才库可更高效地唤醒、激活和召回老员工。

在以往与顺丰、招商银行、中兴通讯等大型企业的合作中，海纳 AI 积累了丰富的项目推广与落地经验。在商超企业中推行智能招聘方案时，海纳 AI 在深入调研连锁零售行业特点的同时博采众长，制定了科学、个性化的落地方案，具体包括以下三个方面：

1. 多部门参与培训

海纳 AI 的数字化面试系统培训覆盖了商超广泛的业务部门，包括会员店、大卖场、支持中心、校园招聘等部门。AI 系统通过模拟实际工作场景，对候选人的沟通能力、问题解决能力以及客户服务理念进行全面的评估和考察。

考虑到大卖场的日常运营需要大量的人力和高效的团队协作，AI 系统通过模拟销售、库存管理等实际工作流程，助力企业筛选出具备良好团队合作精神和业务操作能力的候选人。

此外，海纳 AI 面试系统的触角还延伸至商超的支持中心，包括人力资源、财务、信息技术等关键部门。这些部门虽不直接面向顾客，却是商超稳健运营的坚强后盾。AI 系统通过深度剖析候选人的专业背景、逻辑思维能力与解决问题的策略，确保每一名新加入的员工都能满足这些关键支持部门的需求。

值得一提的是，在海纳 AI 的推动下，企业的校园招聘部门也充分利用海纳 AI 提供的培训方案。面对大量的应届毕业生，校园招聘部门利用 AI 系统评估他们的学习能力、适应性以及创新思维，挖掘并培养优秀人才。

针对不同部门的具体业务场景和各类岗位的要求，海纳 AI 提供了有针对性的培训计划，并且配备了详细的操作手册以及常见问题解答（frequently asked questions，FAQ），确保每名员工都能获得全面且深入的知识与技能提升。

2. 制定分批次推广方案

AI面试系统落地需要循序渐进地推进,经过双方周全的考量,该商超决定将部分会员店和大卖场作为第一批次落地试点,剩余的门店作为第二批次。

3. 提供陪伴式技术与服务保障

为了确保企业能够充分利用这个系统,海纳AI不仅为企业提供培训,还在整个使用过程中提供持续的技术支持。无论企业遇到什么操作问题,都能得到专业指导与及时的响应,确保问题得到及时解决。

此外,海纳AI的HR团队深知数据对决策的重要性,因此他们与客户协同进行定期的数据审查。通过深入分析系统的使用数据,企业可以及时跟踪方案的推广进展,评估各项人力资源策略的效果,及时调整策略,以实现更好的业务成果。

第三章

管理者新定位：技术促进管理变革

随着 AI 技术的迅猛发展，管理领域经历着前所未有的变革，AI 技术逐步成为推动管理变革的核心力量。管理者需与时俱进，以技术为依托，创新管理理念与方式，从而实现管理模式与数字化系统同步转型升级，带领团队实现更好的发展。

01 技术进步催生新领导力

技术飞速发展推动着领导力的演变和重塑。在数字化、智能化不断推进的今天,领导力的衡量标准已不再局限于管理技能和决策能力,技术运用能力也成为一项重要的标准。

以国内某知名制造企业为例,过去该企业生产管理主要依赖于人工监控和经验判断,难以确保生产效率和产品质量的稳定性。然而,随着技术的革新,该企业引入了基于视觉识别技术的生产管理系统。视觉识别技术可以应用于缺陷检测、产品优劣分析等方面。通过实时检测产品外观,视觉识别技术能够自动识别缺陷,提高产品质量和生产效率。通过分析产品优劣数据,企业可以优化生产流程,降低不良率,提升整体竞争力。此外,视觉识别技术还可以用于生产线的自动化作业,如物料识别、自动分拣等,进一步提高生产效率。

该企业还在生产线上部署传感器和监控设备,实时收集生产数据,并利用 AI 算法进行深度分析与预测。基于此,企业管理层能够预先洞察生产中的潜在问题,进而灵活调整生产计划和资源分配。

在此过程中,企业管理者的角色发生了转变。他们不再只是传统意义上的决策者或指挥者,更是数据的深度解析者和战略的精准引导者。管理者需深入理解 AI 技术的应用原理,精准把握数据分析结果,结合企业战略目标,制定更为科学、精准的决策。他们需具备跨领域的知识与技能,将技术、管理与业务深度融合,引领企业在数字化时代实现转型升级。

另一典型案例是某金融科技公司。该公司传统的人工信贷审批模式已被基于AI的智能信贷审批系统所取代。该系统通过对海量用户数据的分析与建模,能够迅速、准确地评估用户信用风险,极大地提升了信贷审批的效率和准确性。

在变革过程中,该公司的领导团队面临巨大挑战。他们需不断学习并掌握新技术、新知识,重新规划公司发展战略并优化组织结构。同时,他们还需引导员工适应新的工作模式与业务流程,培育员工的数字化素养与创新能力。通过一系列努力,该公司成功实现从传统金融机构向金融科技领军企业的转型,市场竞争力得到了显著提升。

技术进步不仅改变了企业的业务模式和运营流程,也对管理者的领导力提出了新的、更高的要求。在技术驱动的时代背景下,管理者需具备更强的学习能力和创新精神,不断更新知识体系与思维方式。他们需善于利用技术工具挖掘数据背后的深层价值,为企业发展提供战略指导与决策支持。

技术进步正在重塑领导力的内涵与外延,管理者应与时俱进,积极拥抱新技术,以开放的心态和创新的思维,引领组织实现更好的发展。

02　AI 在管理职能中的可能性

AI 在管理职能中的应用具有广泛的可能性,它能够提升管理效率和质量,为企业创造更大的价值,但管理者需要合理利用 AI,将其与自己的智慧和经验相结合,以实现更好的管理效果。

1. 计划

在计划方面,AI 凭借卓越的数据处理与分析能力,能够辅助管理者制订更精准、更有效的计划。例如,通用电气运用 AI 技术对全球设备传感器收集的数据进行分析,预测设备故障与维护需求,从而预先制订维护计划,降低生产中断风险,提高生产效率。通过对历史数据的深入学习与解析,AI 还能预测市场需求变化趋势,为管理者制订生产计划、资源配置计划等提供科学、可靠的依据。

2. 组织

在组织方面,AI 也发挥关键作用。AI 驱动的人力资源管理系统能够协助管理者更高效地进行人才招聘、选拔与岗位分配。以 BOSS 直聘为例,其开发的 AI 招聘助手能快速筛选简历,评估候选人与岗位的匹配度,显著缩短招聘周期,并提升招聘质量。此外,AI 通过分析员工技能、兴趣与工作表现,为企业组织结构调整、团队组建等提供决策支持,进一步优化企业组织布局。

3. 领导

在带领团队方面,AI 作为辅助工具,有助于管理者更深入地了解员工的需求与工作状态，进而提升领导效能。一些企业管理者基于 SCRM 客户关系管理系统对一线员工在销售过程中的即时通信记录进行分析，及时了解销售过程、员工情绪变化与工作完成度，进而采取更为精准的激励措施与沟通策略。此外，AI 还能进行决策模拟，助力管理者在复杂情境下作出更为明智的领导决策。

4. 控制

在控制方面，AI 也有出色的表现。以吉利汽车为例，其生产线上的 AI 监控系统能够实时监测生产过程中的各项参数与指标，一旦发现异常，就会立即发出警报并自动调整生产流程，确保产品质量与生产进度处于可控状态。

企业也可以通过安装具有视觉识别功能的监控摄像头，实时监控和预警企业内的安全状况。例如，人脸识别技术可以用于门禁系统，确保只有授权人员才能进入特定区域；车牌识别技术则可以用于企业停车场，实现车辆进出的自动化管理。此外，徘徊识别、人形检测、人员逗留等算法也可以用于提高安防水平，预防潜在的安全风险。

综上所述，AI 在计划、组织、领导、控制方面展现出巨大的潜力与可能性，赋能管理职能优化升级。随着 AI 技术不断成熟，企业管理将更加智能化、高效化、科学化，为企业发展与参与竞争提供强有力的支撑。

03 管理者要做好四个重塑

在当前 AI 技术迅猛发展并深度融入企业管理的背景下,管理者正面临前所未有的挑战与机遇。为有效驾驭 AI,管理者须在四个方面进行重塑:

1. 思维重塑

在 AI 时代,管理者需从传统管理思维模式转变为数据驱动与智能决策的思维模式。例如,面对工业 4.0 的浪潮,西门子的管理者摒弃传统生产管理思维,积极采纳 AI 技术,建设智能工厂,收集并分析生产线上的数据,运用 AI 算法预测和判断,实现了设备故障预警和生产流程优化,极大地提升了生产效率和产品质量。管理者思维的转变使西门子在智能制造领域保持领先地位。

2. 技能重塑

在 AI 时代,管理者不仅要掌握传统管理技能,还需学习数据分析、机器学习等新技术。腾讯公司在推进 AI 管理的过程中,要求管理者参与 AI 相关培训,提升技术能力;鼓励管理者参与内部 AI 项目实践,以提升实际应用 AI 的能力。经过技能的重塑,管理者能与技术团队更有效地沟通、协作,将 AI 技术应用于业务管理中,如用户画像绘制、内容个性化推荐等,为公司业务增长提供了有力支撑。

3. 组织重塑

AI 的应用往往需要跨部门、跨领域的紧密协作。因此,管理者需对组织结构进行优化调整,以适应新的管理需求。海尔集团在推行 AI 管理时,打破了传统的部门界限,成立了跨职能的 AI 项目团队。这些团队汇聚了技术研发、数据分析、业务管理等方面的专业人才,围绕特定的业务场景进行协同工作,如智能家电的研发与生产。通过组织重塑,海尔成功推出了一系列具有智能互联功能的家电产品,进一步增强了市场竞争力。

4. 文化重塑

在 AI 时代,管理者需营造一种鼓励创新、勇于尝试、包容失败的文化氛围。例如,在发展 AI 业务的过程中,百度公司的管理层积极倡导创新文化,鼓励员工大胆提出 AI 应用的新思路和新方案,并为创新项目提供充足的资源支持和宽松的容错环境。在这种文化的推动下,百度在语音识别、图像识别、自动驾驶等多个 AI 领域取得了显著成就,成为国内 AI 领域的领军企业。

综上所述,在 AI 时代,管理者须对思维、技能、组织和文化四个方面进行重塑,以充分发挥 AI 的优势,引领企业在数字化、智能化的浪潮中实现创新发展和转型升级。

04 协调利益相关者很重要

利益相关者,即那些能够影响企业目标实现或受企业目标实现过程影响的个人或群体,通常包括企业的股东、员工、客户、供应商、合作伙伴等。

《论语》中有言:"君子和而不同,小人同而不和。"在管理过程中,各利益相关者持有不同的立场与诉求,只有协调各方,让他们共同追求和谐与进步,才能推动企业走向成功。企业犹如一艘航行在商海中的巨轮,作为船长的管理者责任重大,需精心协调各方之间的关系,确保他们齐心协力,共同推动这艘巨轮破浪前行,稳健地驶向成功的彼岸。

以某知名制造企业为例,企业引入 AI 技术以优化生产流程,提高产品质量。然而,在项目实施过程中,管理层过度关注技术引进和系统搭建,而忽视了员工的利益和需求。AI 系统的引入导致部分员工面临岗位变动甚至失业的风险,因此引发员工不满和抵触情绪,进而导致项目受阻,生产效率下降。

相比之下,某零售企业在开展 AI 智能营销项目时,成功协调各利益相关者之间的关系。该企业与股东进行了深入沟通,详细阐述了 AI 项目的投资回报率及长期战略价值,从而确保了资金的稳定供给。同时,该企业积极开展员工培训,帮助他们理解 AI 系统如何提升工作效率和职业技能,还为受影响的员工提供转岗培训和职业发展规划。对客户,企业采取透明化的沟通策略,详细解释了 AI 技术如何更好地服务于客户,提供更为个性化、优质的服务。此外,企业还积极与供应商和合作伙伴携手,共同研发基于 AI 的供应链管理系统,实现了供应链的全面优化和高效协同。

由上述案例可见,协调利益相关者对企业 AI 管理的成功至关重要。首先,这有助于减少项目实施过程中的阻力和冲突,因为当各方利益得到尊重和保障时,他们更愿意积极配合。其次,协调利益相关者能提升企业的创新能力和竞争力,不同利益相关者的知识和经验相互融合,为 AI 管理带来更多创新思路。最后,这有助于增强企业的社会责任感、提升企业声誉,有助于企业树立良好形象,赢得社会认可和支持。

在企业 AI 管理的过程中,协调利益相关者是一项重要任务。企业管理者应充分认识到其重要性,并通过有效沟通、深化合作和利益平衡,实现企业与利益相关者共同发展。

05　榜样效应：管理者率先转型

在现代管理中，管理者应充分发挥榜样效应，通过自身行为影响和塑造团队的整体风貌，在团队或组织中发挥关键性的引领作用。

当变革的浪潮汹涌而来，管理者需挺身而出，成为引领者而非追随者。管理者需深刻理解并接受变革，调整自身的思维模式和工作方式，以适应新的环境和要求。更重要的是，管理者需以实际行动展示变革的可行性和优势，成为团队的表率。

以海尔集团为例，随着互联网技术飞速发展，传统家电制造行业面临严峻挑战。海尔的管理者敏锐地洞察到，技术创新和管理模式变革是企业在新市场中立足的关键，进而积极推动海尔进行数字化、智能化转型，将互联网技术融入产品研发、生产制造、市场营销及售后服务等环节。

海尔的管理者带领团队打破传统层级式管理结构，推行"人单合一"模式，让每名员工直接对接用户需求，利用互联网技术实现信息的快速传递和高效响应。同时，还主张加大研发力度，开发智能家电产品，使海尔的产品与用户的智能生活场景完美融合。在管理者的领导下，海尔成功转型为具有全球竞争力的物联网生态企业，成为技术驱动领导变革的典范。

以餐饮行业为例，瑞幸、星巴克等咖啡连锁品牌的管理者也在技术变革中起到了引领作用。随着移动支付技术的普及，这些品牌迅速推广移动支付应用,方便顾客通过手机轻松支付,提升消费体验。同时,利用腾讯智慧零售等一站式在线运营与数据分析平台,这些品牌深入剖析顾客消费行为与偏好,为顾客提供个性化的优惠活动与产品推荐,从而提升顾客的忠诚度,促使顾客增加消费频次。此外,腾讯智慧零售还引入数字点单系统和智能库存管理系统,进一步优化门店运营效率和成本控制。

这些成功案例充分证明,作为企业的引领者,管理者在技术促进领导变革的过程中必须率先转型。管理者应当积极拥抱新技术、新思维,帮助员工树立信心、明确方向,激发团队的活力和变革动力。只有管理者以身作则,积极投身于转型实践,企业才能在技术浪潮中乘风破浪,实现可持续发展和竞争优势的提升。

06　新定位之自我进化

管理者的角色在日益变化的商业环境中变得更为复杂和多维。他们不再局限于传统的指挥和控制框架,而是不断自我进化。自我进化并非简单地适应环境,而是一种深入的、持久的、有意识的能力提升与思维革新。

1. 管理者的自我进化体现在思维模式转变上

过去,管理者可能侧重于指挥与控制,如今,他们更需要具备开放、创新和敏捷的思维。以腾讯为例,面对互联网行业的迅猛发展和竞争的加剧,腾讯的管理者不断更新思维模式。在早期,腾讯凭借 PC 端即时通信软件 QQ 在市场中占据主导地位时,其管理者就积极拥抱移动互联网,敏锐地察觉到用户需求和市场趋势的变化。

腾讯管理者并未故步自封于传统的 PC 端通信模式,而是积极推动向移动端转型,从而成功孕育出具有划时代意义的微信产品。在今天来看,微信不仅改变了人们的社交与沟通方式,更为腾讯在移动互联网时代赢得了巨大的市场份额和竞争优势。正是思维模式的转变,使腾讯的管理者能够在风云莫测的商海中及时转舵,敏锐地捕捉到市场变化、提前布局,从而确保了企业的持续发展与领先优势。

2. 管理者的自我进化还体现在知识和技能的持续更新与拓展上

随着人工智能、大数据、区块链等新技术不断涌现,管理者需要率先学习和掌握更多新知识、新技能，以更好地领导企业。以阿里巴巴为例，其管理层在电商业务蓬勃发展的同时，以独到的眼光，率先在国内积极布局云计算、人工智能等领域，使得阿里巴巴占据了领先优势。此外，管理层持续自我提升，深入学习相关技术与知识，引进专业人才，推动阿里云等业务迅速发展。如今，阿里云已成为全球领先的云计算服务提供商，为阿里巴巴的多元化发展奠定了坚实基础。

3. 管理者的领导方式也需要进化

如今，传统的层级式、命令式领导方式逐渐被更加灵活、民主的领导方式取代。例如，一些服装企业实施一种"小组制"的精细化管理模式，各小组通常由3~5名成员构成，涵盖设计师、页面制作专员、货品管理专员等多个关键岗位。这些小组被赋予高度的自主权，能够作出款式选择、定价策略、生产规划、促销方案等关键决策。企业的管理层致力于为各小组提供全面的资源支持和平台服务，鼓励小组间展开良性的竞争与协作。这种民主、灵活的管理策略，极大地激发了员工的内在动力和创新能力，使服装企业能够迅速捕捉市场动向，不断推出款式新颖、满足消费者需求的服装产品。

4. 管理者的自我进化还需要关注社会责任

随着社会对企业的期望不断提高，管理者应将社会责任融入企业战略与决策，以积极履行社会责任。例如，顺丰在追求技术创新和商业成功的同时，高度重视承担社会责任。其管理者积极推动环保可回收复用快递耗材的研发与应用，不仅为企业带来了经济上的成本节约，还在提升社会环保意识与减少环境污染等方面作出了巨大贡献。

07 新定位之面向未来

为了让企业在竞争激烈的市场中脱颖而出,管理者应重新审视自身定位,并具备前瞻性的视野,以应对不断变化的商业环境。在AI时代,管理者的角色发生变化,他们不仅是指挥者和监督者,更是战略规划者、创新推动者和变革引领者。他们需具备敏锐的洞察力,以精准把握未来趋势,为企业绘制富有远见的战略蓝图。

以顺丰为例,在快递行业竞争日益激烈的趋势下,顺丰的管理者前瞻性地洞察到物流行业将朝着智能化、数字化和绿色化的方向发展。因此,顺丰加大科技研发投入,成功研发出智能物流系统,实现了包裹自动化分拣、配送路径优化以及物流信息实时追踪。

同时,顺丰还积极探索无人机配送、无人车配送等创新模式,极大地提升了配送效率和服务质量。此外,顺丰还积极推动绿色物流发展,除了采用环保包装材料,还持续优化运输线路,以降低能源消耗。这不仅提升了顺丰的竞争力,还为行业可持续发展树立了典范。

面向未来的管理者还需要具备强大的创新能力和勇气。在这个瞬息万变的时代,故步自封必然导致企业衰败,只有不断创新,企业才能保持竞争力。在这方面,大洋彼岸的奈飞公司的管理层堪称颠覆式创新的楷模。早年,该公司主要聚焦DVD租赁业务,随着互联网技术日新月异和消费者行为模式的转变,企业面临线下客户大量流失的窘境。对此,其管理层在深入调研后果断决策,将大量资源投到在线视频流媒体服务开发上。

通过持续创新业务模式,引入个性化推荐系统,并确保内容原创,奈飞成功实现了从传统租赁企业向全球领先在线娱乐平台的转型。正是这样勇于突破传统、持续创新的管理策略,为奈飞在行业中占据领先地位奠定了坚实且稳固的基础。

此外,管理者还应重视人才的培养和发展,打造适应企业未来发展的人才梯队。在全球率先推出三折叠智能手机的华为公司就深知人才的重要性,其管理者制订了系统的人才培养计划,通过内部培训、导师制度、国际交流等方式,不断提升员工的专业技能和综合素质。

同时,华为还积极从全球范围内引进顶尖人才,为他们提供广阔的发展空间和具有竞争力的薪酬待遇。在管理者的重视和推动下,华为汇聚了大量优秀的科学家、工程师和技术专家,从而在芯片制造、折叠屏手机等领域逆袭突围。

总之,面对充满不确定性和机遇的未来,管理者以前瞻性的战略眼光重新定位自己的角色和职责,才能引领企业在未来的市场竞争中乘风破浪、勇立潮头。

08　新定位之持续变革

在组织中,管理者的角色是至关重要的,他们不仅是组织变革的引擎,更是组织创新与进步的引领者,确保团队能够灵活适应不断变化的环境。在当今这个日新月异的时代,管理者必须重新定位自己,成为坚定不移的持续变革推动者。

持续变革是企业生存与发展的重要动力。以瑞幸咖啡旗下的"椰云拿铁""酱香拿铁"为例,随着消费者选择的多元化,传统咖啡市场面临新的挑战。瑞幸品牌的管理者敏锐地捕捉到这一市场趋势,果断地推动研发部门结合腾讯智慧零售系统的数据分析结果进行产品创新,投入大量资源研发联名新产品,并对产品的包装和营销策略进行了优化调整。通过采取一系列精心策划的变革措施,瑞幸成功引领了一次次新的消费潮流,稳固了市场地位,稳坐国内咖啡市场的头把交椅。

乐高(LEGO)公司则是持续变革的另一典型案例。面对电子游戏和电子产品市场的激烈竞争,该公司曾一度面临市场份额下滑、陷入经营困局的挑战。然而,其管理层果断实施了一系列深刻的变革策略。

在产品创新上,乐高不再局限于传统的积木玩具,推出了与热门电影、动漫、经典赛车等元素紧密结合的主题套装,以此吸引不同年龄层的消费者;在生产制造方面,乐高引入前沿的数字化生产技术和高效的管理方法,显著提升了生产效率并降低了成本;在销售策略上,乐高不仅拓展了线上数字化销售平台,还打造线下体验店,为消费者带来了更为便捷、丰富的购物体验;在营销推广上,乐高巧妙地运用社交媒体和数字化营销工具,加强了与消费者的互动联系,提高了消费者的品牌忠诚度。这些变革不仅让乐高重新焕发生机,更使其成为全球知名的玩具品牌。

在推动持续变革的过程中,管理者的首要任务是树立坚定的变革决心。他们需深刻认识到市场环境、技术发展和消费者需求的快速变化,并意识到企业若不能及时适应这些变化,将面临被淘汰的风险。因此,管理者需从思想上认同变革的必要性,主动引领变革。

此外,管理者还需具备敏锐的市场洞察力和前瞻性思维,能够敏锐地捕捉到市场变化的微妙信号,精准预测行业未来发展趋势。基于这些洞察,管理者应制定相应的变革策略,确保企业在变革中始终保持竞争力。

为了顺利实施变革,管理者还需构建支持变革的组织文化和团队环境。面对变革带来的挑战和困难,仅有全体员工的积极参与和坚定支持是远远不够的。管理者应通过有效的沟通、针对性培训以及科学的激励措施,促使员工深刻理解变革的意义与目标,从而激发他们的积极性和创造力,使他们能够自发地投身到变革的浪潮之中。

管理者还要构建灵活多变且高效运作的组织结构,打破部门间的隔阂,促进信息的自由流通和资源的有效共享,为变革提供坚实的组织后盾和有力的支持。

总体来说,管理者的新定位要求他们成为持续变革的推动者。他们需要具备新的观念、领导能力、技术能力以及更广阔的视野,只有这样,他们才能在变化的环境中引领团队不断前行,最终走向成功。

09 现代管理者的新特质

AI时代对现代管理者提出了许多新的要求。下面以小米为例进行讲述，以剖析现代管理者所需具备的新特质。

从小米手机到智能家居生态，再到首发就需要排队的小米汽车，在数字化时代，小米在科技领域一步步走来所取得的成就，使得其领导者雷军成为现代管理者的标杆。

雷军以卓越的战略眼光和敏锐的市场洞察力著称。在互联网发展初期，他便在金山软件取得了成功，积累了深厚的行业经验。随着移动互联网的崛起，雷军敏锐地洞察到智能手机市场的巨大潜力，因此创立了小米公司。

他秉持"感动人心，价格厚道"的产品理念，通过推出高性价比的智能手机，迅速打开市场，颠覆了传统手机市场的格局。小米管理层基于深入调研与观察，对市场趋势进行精准预判和果断决策，使得小米公司在短时间内赢得了众多用户的喜爱，并占据了可观的市场份额。

雷军注重创新与技术研发，一直将技术创新作为企业发展的核心驱动力。在他的引领下，小米公司不断加大研发投入，勇攀科技高峰，在手机硬件性能、拍照功能等方面实现突破。同时，小米公司积极布局人工智能、物联网等新兴领域，也展现出雷军和管理层前瞻性的战略眼光。

在小米手机获得一定市场地位后，小米公司再接再厉打造了智能家居生态系统,通过智能音箱、智能门锁等产品的互联互通,为用户带来前所未有的智能生活体验。这一创新的业务模式和产品生态,不仅彰显了雷军对科技创新的坚定信念,更体现了他对未来生活方式的深刻洞察与独到见解。

雷军具有卓越的领导魅力,他勤奋务实的工作态度和对事业的执着追求,深深影响着身边的每一名员工。他高度重视人才引进与培养,致力于为员工提供广阔的发展空间和丰富的成长机会,成功吸引了众多杰出的技术人才和管理人才加入小米公司。

同时,他积极倡导平等、开放的企业文化,鼓励员工勇于创新、尝试,营造了充满活力和创造力的工作氛围。在这样的环境下,团队成员能够紧密合作,共同为实现公司的宏伟目标而不懈努力。

在全球化背景下,雷军深刻理解合作共赢的重要性。在他的带领下,小米公司与供应商、合作伙伴建立长期稳定的战略合作关系,确保产品供应链稳定与品质卓越。同时,小米还积极寻求与其他企业的技术合作与市场合作,共同推动整个行业的进步。

雷军还擅长利用资本的力量,为小米公司的发展提供源源不断的资金和资源支持,助力其实现更高的目标。

由此可见,雷军之所以能成为现代管理者的典范,是因为他拥有敏锐的市场洞察力、创新精神、卓越的领导能力以及强大的资源整合能力。他的成功经验为广大管理者提供了宝贵的借鉴,也为中国科技企业的发展贡献了管理者智慧。

第四章 数据驱动：AI时代管理升级核心

借助大数据深刻的洞察力和卓越的数据分析能力，企业能够精准捕捉市场的细微变动，预见未来的发展趋势。这不仅能帮助企业精准把握市场动态，还能在信息爆炸的时代筛选出有价值的信息，为企业的决策提供有力支持。数据驱动不仅是一种管理模式，更是一种思维方式，能够帮助企业更加理性、科学地应对市场变化。

01 数据时代的精细化管理

精细化管理要求企业在日常运营中对每个环节予以高度关注、精确把控，确保每个决策都建立在扎实的数据分析与科学的逻辑推理之上，以实现高效、精准管理。通过对数据的深入挖掘和分析，企业能够更加精准地把握市场需求，优化资源配置，进而提升运营效率，实现经济效益和竞争力的双重提升。

以全球知名的荷兰皇家航空公司（KLM）为例，面对激烈的市场竞争，KLM成功借助数据驱动实现精细化管理转型。通过对客户数据的深入挖掘和分析，KLM能够精准了解客户的需求和偏好。例如，根据客户的历史飞行路线、舱位选择、餐饮偏好等数据，为客户提供个性化的服务和行程规划，从而显著提升客户体验。

在营销方面，KLM依据数据分析结果对不同客户群体实施精准的广告投放和促销活动，提高营销效果和客户转化率。此外，KLM还利用航班运营数据对航线规划、航班排班进行优化，提高飞机利用率和运营效率，有效降低了运营成本。

在酒店行业，法国雅高酒店集团也利用数据推动精细化管理。雅高酒店集团通过收集和分析客户在预订、入住、消费和退房等各个环节的数据，深入了解客户的行为模式和需求。基于此，酒店可以为客户提供个性化的客房布置、餐饮服务和娱乐活动推荐。

在运营管理上,雅高酒店集团通过对酒店设施设备使用数据、能耗数据的分析,制订合理的维护计划和能源管理策略,有效降低了运营成本。同时,借助市场数据和竞争对手分析,雅高酒店集团明确自身的市场定位和价格策略,进一步提高自身的市场竞争力和收益水平。

另一个案例是荷兰皇家壳牌石油公司。在石油勘探、开采、生产和销售等环节,该公司充分利用数据分析实现精细化管理。在勘探环节,通过对地质数据的分析,该公司精确评估潜在油气资源的分布和储量,降低勘探风险。在生产过程中,该公司实时监测设备运行数据,预测设备故障,进行预防性维护,提高生产效率,减少停机时间。在销售环节,该公司分析客户的购买行为和消费习惯,制定个性化的定价策略和促销方案,提高客户满意度和忠诚度。

上述案例充分证明,在大数据时代,精细化管理已成为企业腾飞的关键引擎。凭借对数据的精细化分析与运用,企业能够更精准地洞察市场变化,更精准、快速地满足客户需求,并持续优化内部运营流程,进而在激烈的市场角逐中脱颖而出,独占鳌头。

精细化管理在当今时代企业发展中扮演着举足轻重的战略角色。借助全面且细致的数据分析,企业能够作出科学合理的决策,持续对内部流程进行优化,并建立一套严格的监控与反馈机制。这能够使企业在激烈的市场竞争中稳固地位,实现持续、稳定的发展。

02 实现数据转型,从 BI 开始

想要实现数据驱动管理企业需要搭建属于自己的商业智能(business intelligence,BI)系统。BI 系统是一套集成化的数据技术解决方案,包括数据仓库、数据分析、查询报表、数据可视化等。其目标在于将庞大且复杂的数据集转化为清晰、实用的信息,以满足企业内部不同角色在数据查询、深度分析以及数据挖掘方面的多元化需求。

以全球知名的连锁酒店品牌万豪国际集团为例,随着业务的迅速扩张和市场竞争日益激烈,万豪面临一个新的挑战:如何实现数据驱动转型,以深入理解客户需求、优化运营管理并提升市场竞争力。为了应对这一挑战,万豪引入了 BI 系统。

在集成旗下各酒店的客户预订、入住、消费以及反馈数据后,万豪利用 BI 工具对数据进行深度剖析。在客户洞察方面,BI 系统帮助万豪精准描绘客户画像,包括来源地、年龄分布、消费偏好和入住频率等,使万豪能够精准制定个性化的营销策略和服务方案。例如,为忠诚的高消费客户提供专属优惠和增值服务;为年轻的旅游爱好者设计吸引人的旅游套餐和体验活动。

在运营管理层面,BI 系统实时监控酒店的入住率、客房清洁时间、餐饮销售等关键指标。基于这些数据,管理层能够灵活调整客房价格、优化人员配置、合理分配资源,进而提升运营效率并降低成本。

在市场决策方面，BI 系统为万豪提供丰富的竞争对手数据，助力其进行市场趋势分析。这使得万豪能够准确把握市场需求变化趋势、竞争对手的价格策略和服务特色，从而精准定位市场并制定差异化的竞争策略。例如，当 BI 系统监测到某个新兴旅游目的地的市场需求快速增长时，万豪能够基于 BI 的分析结果迅速决策，选择在该地区开设新酒店或对现有酒店进行升级改造。

另一个经典案例是美的集团，作为国内家电制造领域的翘楚，美的在智能制造与数字化转型的浪潮中，积极引进 BI 技术，并将其应用于运营中的多个环节。

美的将生产过程中的设备运行数据、生产计划数据、质量检测数据、供应链数据等多维度信息整合至 BI 平台，通过深入的数据分析优化生产流程，实现对产品质量的精准把控。

在供应链管理上，BI 技术同样发挥了巨大作用。美的借助 BI 平台，实时掌握原材料价格波动、供应商交货情况、库存水平等关键信息，实现了供应链的高效协同与成本控制。此外，在市场竞争日益激烈的背景下，BI 还助力美的深入分析不同地区、不同产品的销售趋势和客户需求，为产品研发与市场策略的制定提供了坚实的数据支撑。

万豪国际集团和美的集团的案例表明，BI 是企业实现数据转型的有力武器。对于众多企业而言，要实现数据转型，从 BI 开始是一个明智且必要的选择。

03 网络化协同:部门互联互通

过去,企业各部门之间犹如耸立着高墙,导致信息阻滞,协作困难,工作效率低下。然而,随着网络技术的蓬勃发展,这一局面被彻底打破,各部门之间实现了网络化协同,信息、资源、智慧得以在各部门间自由流淌。

1. 打破了传统的部门壁垒

以往,部门之间的独立性和信息不对称,企业内部常常出现信息孤岛现象,导致工作流程不畅、协同效率低下。而通过网络化协同平台,各部门可以实时共享数据、文件和工作进展,实现无缝对接。

例如,一家制造企业搭建了网络化协同系统,研发、生产、销售、售后等部门实现了互联互通和信息共享。具体来说,研发部门可以将产品设计方案及时传递给生产部门,生产部门能够将生产进度和质量数据反馈给研发部门,销售部门可以依据市场需求为研发和生产提供建议,售后部门则能将客户使用产品的问题和反馈迅速传达给其他部门,以便进行产品改进和优化。

2. 促进了资源优化配置和高效利用

在一个组织内部,不同部门拥有不同的资源和能力,通过网络化协同,可以将这些分散的资源进行整合和调配,实现资源的最大化利用。

以一家电商企业为例,营销部门掌握着市场推广渠道和客户资源,物流部门拥有仓储和配送能力,技术部门具备数据分析和系统开发的专业技能。通过网络化协同平台,这些部门可以协同合作,营销部门根据客户需求和数据分析结果制定精准的营销方案,技术部门开发相应的营销工具和系统,物流部门根据销售预测和订单情况优化仓储和配送路线。

3. 推动企业创新发展

不同部门的员工在网络化协同的环境中,能够充分交流思想、碰撞观点,产生新的创意和解决方案。例如,一家科技公司的技术研发、设计和市场部门通过定期的网络会议和在线协作平台进行沟通交流,共同探讨产品的创新方向和功能需求。

在这个过程中,技术研发人员能够了解市场的最新趋势和客户的实际需求,设计人员能够将创意与技术实现相结合,市场人员能够从市场推广的角度提供建议,从而共同推动产品的创新升级。

"积力之所举,则无不胜也;众智之所为,则无不成也。"在网络化协同的时代背景下,部门间的互联互通成为企业与组织发展的必由之路。网络化协同不仅加速了信息的流通与整合,还促进了资源的优化配置与高效利用,进一步激发了组织的创新潜能,并显著提升了其应对市场变化的能力。

04 任务管理与价值流动管理比较

任务管理能够将宏伟目标细化为具体的任务,明晰责任归属与完成期限,并通过精细化的任务分配与严密的监控机制,确保每一项工作都能有条不紊、高效推进。

以福特汽车的流水线生产模式为例,它将汽车制造过程精细划分为一系列的任务,每位工人专注于完成特定的任务,从而极大地提升了生产效率,使汽车从奢侈品转变为大众消费品。

然而,随着时代的飞速发展和市场环境的日新月异,传统任务管理的局限性逐渐显露:过于聚焦任务的完成,而忽视了任务背后的价值创造与价值流动的重要性,很容易导致企业生产出来的产品千篇一律、一成不变,陷入同质化竞争的窘境。在这样的背景下,价值流动管理应运而生,为管理领域注入了新的活力,带来了全新的发展机遇。

价值流动管理聚焦价值在组织内部的动态流转过程,从原材料采购到产品设计、生产制造,再到销售与售后服务,每一个环节都蕴含着价值的创造与传递。正如《大学》所云:"物有本末,事有始终。知所先后,则近道矣。"价值流动管理正是基于对组织运行本质与规律的深刻理解,将价值的创造与传递视为管理的核心,通过优化价值流动路径,提升价值创造效率,从而确保组织整体的高效运作与持续发展。

在管理实践中,任务管理和价值流动管理并不是相互排斥的,而是能够有机结合,如图4.1所示。

任务管理
为价值流动管理奠定坚实的基础

价值流动管理
为任务管理赋予更深层次的意义

相互补充
相互促进

图 4.1　任务管理和价值流动管理的关系

任务管理为价值流动管理提供了基础和支撑,明确的任务分工和高效的任务执行是实现价值流动的前提。价值流动管理则为任务管理赋予更深层次的意义,引导任务的规划和执行朝着价值创造和增值的方向发展。

以一家电子产品制造企业为例,在新产品研发过程中,首先运用任务管理的方法,将研发项目分解为需求分析、方案设计、原型开发、测试验证等多个任务,并明确每个任务的目标、时间节点和责任人。

同时,运用价值流动管理的理念,从客户需求出发,关注整个研发流程中价值的创造和传递,及时发现和消除那些不能为客户创造价值的环节和活动,如不必要的流程、重复工作等。

任务管理和价值流动管理是企业管理中不可或缺的两个方面。管理者需要根据企业的战略目标、业务特点和发展阶段,灵活运用这两种管理方式,实现任务的高效执行和价值的持续创造,推动企业在激烈的市场竞争中不断发展壮大。

05　管理组织的金字塔＝数据应用的金字塔

企业管理与数据应用之间的联系日益紧密,呈现一种有趣且深刻的对应关系——管理组织的金字塔结构与数据应用的金字塔结构具有高度的相似性,甚至可以说"管理组织的金字塔＝数据应用的金字塔"。

管理组织的金字塔如图4.2所示。

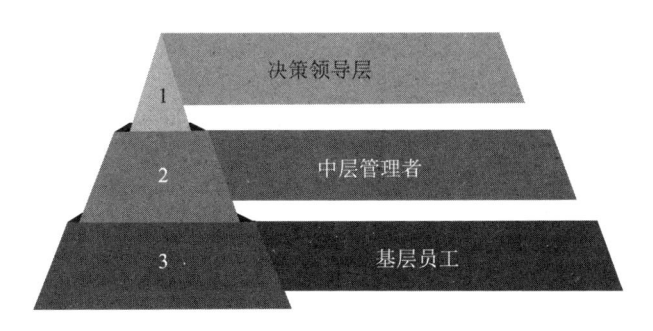

图4.2　管理组织的金字塔

处于顶端的是决策领导层,他们负责制定战略目标,把控着企业的发展方向。他们凭借丰富的经验、广阔的视野以及对市场的敏锐洞察,决定企业的未来走向和发展重点。

管理组织金字塔的中间层是中层管理者。他们承接高层的战略规划,将其细化为具体的目标和任务,并负责协调资源、组织团队、监督执行,确保战略能够在各个部门和业务环节中得到有效落实。中层管理者如同桥梁,连接着高层的战略与基层的执行。例如,在汽车制造企业中,中层管理者需要将企业的新能源汽车发展战略转化为生产、研发、营销等具体部门的行动计划,并确保各部门协同合作。

基层员工则处于管理组织金字塔的底层。他们是企业战略的具体执行者,负责将计划转化为实际的产品或服务,他们的工作质量和效率直接影响企业的业绩和竞争力。例如,快递员每天的收件、送件工作,直接影响到快递公司服务质量和运营效率。

数据应用的金字塔如图 4.3 所示。

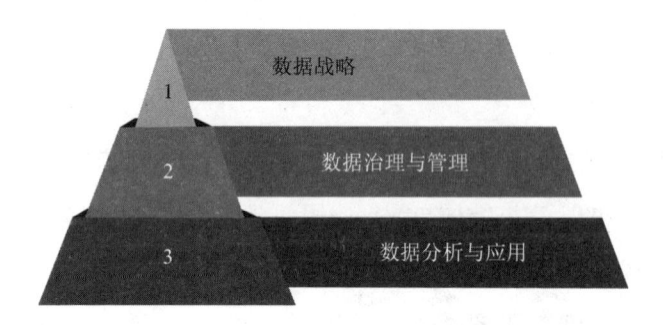

图 4.3 数据应用金字塔

数据应用金字塔顶端是数据战略。企业需要明确在业务发展中数据的定位、目标以及如何运用数据来支持业务决策和战略规划,以实现数据价值最大化。例如,阿里巴巴通过明确的数据战略,构建起庞大的电商数据生态,为其商业决策提供了强大支撑。

数据治理与管理处于数据应用金字塔的中间层,这包括建立数据标准、确保数据质量、管理数据安全、整合数据资源等工作,为数据的分析和应用提供坚实基础和保障。例如,在金融行业,严格的数据治理与管理确保了客户信息和交易数据的准确、安全和合规,为业务运营和风险控制提供了有力支持。

而数据分析与应用则处于金字塔的底层。通过运用数据分析工具和技术,对数据进行挖掘、分析和解读,将数据转化为有价值的信息和知识,并应用于业务流程优化、市场趋势预测、客户需求洞察等实际场景,从而推动业务的发展和创新。例如,抖音通过对用户行为数据的分析和应用,实现了个性化内容推荐,提升了用户黏性和使用体验。

06　数据的种类与收集工具

依据不同的标准,数据可以被划分为多种类别。从数据来源来看,数据可以分为内部数据和外部数据。内部数据指的是企业日常运营过程中产生的数据,如财务数据、销售数据、生产数据、人力资源数据等。

外部数据则源于企业的外部环境,包括市场数据、行业数据、竞争对手数据、宏观经济数据等。例如,市场调研公司发布的行业报告能为企业提供行业发展趋势、市场规模和市场份额分布等关键信息,有助于企业把握市场动态,发现潜在的市场机会和威胁。而政府部门发布的 GDP 增长、利率和通货膨胀率等宏观经济数据,对企业的战略规划和投资决策具有重要的参考价值。

从数据结构的角度来看,数据可分为结构化数据、半结构化数据和非结构化数据。结构化数据具有固定的格式和明确的结构,如数据库中的表格数据;半结构化数据则具有一定的结构,但不够规范和统一,如 XML 和 JSON 格式的数据;非结构化数据则没有固定的结构,如文本、图像、音频和视频等。

在企业管理中,结构化数据因易于存储、管理和分析,成为企业决策支持系统的重要数据来源。非结构化数据虽然处理难度较大,但蕴含的信息量丰富,如客户在社交媒体上的评论、员工的电子邮件等。借助自然语言处理、图像识别、音频分析等技术,企业可以从中挖掘出有价值的信息。

为了有效收集这些数据,企业需要运用各种数据收集工具,如数据库管理系统、数据仓库、数据挖掘工具、网络爬虫、传感器等。

数据库管理系统有 MySQL、Oracle 等,是存储和管理结构化数据的重要工具,支持企业通过结构化查询语言(structured query language,SQL)进行数据查询、更新和删除等操作。

数据仓库则是面向主题的、集成的、相对稳定的数据集合,能够整合和存储企业内部多个数据源的结构化数据,为数据分析和决策支持提供统一的数据平台。

数据挖掘工具有 SPSS Modeler、SAS Enterprise Miner 等,能够从大量数据中发现潜在的模式、趋势和关系,助力企业进行客户细分、市场预测和欺诈检测等工作。

网络爬虫则是一种自动从互联网上抓取数据的程序,有助于企业收集外部数据,如竞争对手的产品信息、用户评价、行业新闻等。

传感器则广泛应用于物联网领域,能够实时收集物理世界的数据,如制造业中的设备运行状态、物流领域的货物位置等。

企业管理者需要充分了解数据的种类和特点,根据企业的管理需求和业务目标,选择合适的数据收集工具,有效地收集、整理和分析数据,将数据转化为有价值的信息,为企业的管理决策提供科学依据。

07 员工数据的可信任度

在数字化时代,员工数据在企业运营和管理中发挥着重要作用。从员工的基本个人信息、工作表现评估,到职业发展规划等,这些数据对企业制定决策、优化人力资源管理以及推动业务发展都具有重要意义。然而,一个关键的问题摆在管理者面前:可以信任员工数据吗?

事实上,员工数据在许多情况下是值得信任的。如果企业拥有完善的数据管理系统和严格的数据收集、存储与处理流程,那么数据的准确性和可靠性就能得到保障。

员工数据的来源在一定程度上会影响数据的可信度。如果数据是通过客观的测量、评估工具和多源验证得到的,那么真实性便有保障。例如,员工的工作产出可以通过实际的业务指标来衡量,如销售额、项目完成进度等;员工的技能水平可以通过专业的技能测试和认证来评估;员工的工作态度和团队合作能力可以通过同事评价、上级评价以及客户反馈等多方面来综合考量。

然而,管理者也不能盲目地完全信任员工数据,因为一些因素可能会影响数据的准确性和可靠性。

数据偏差是一个常见的问题。如果绩效评估主要依赖于上级的主观评价,那么可能会受到个人偏见、情感因素或者近期事件的影响,导致对员工表现的评价不够客观公正。同样,在收集员工反馈数据时,如果问题具有引导性或者选项有限,可能会导致员工的回答不能真实反映他们的想法和感受。

数据安全问题也会影响数据的可信度。在数字化时代,数据泄露、黑客攻击等安全事件频发。如果员工数据被非法获取或篡改,那么基于这些数据作出的决策就可能出现严重错误。

此外,员工可能会提供虚假数据。例如,在简历中夸大自己的技能和经验,或者在工作时间记录、业务数据、费用报销等方面弄虚作假。

那么,企业应如何在可信的前提下使用员工数据呢?

企业需要建立健全的数据管理机制和流程,包括明确收集数据的目的、方法以及数据存储方式和使用权限,确保数据的收集和处理符合法律法规和道德标准。

加强数据验证和审核也是必不可少的。对于关键数据,企业可以采用多源数据验证、交叉检查等方式来确保其准确性。

此外,企业还需定期对数据管理系统进行安全审计和风险评估,及时发现和解决数据安全隐患,防止数据被非法访问或篡改。

综上所述,员工数据既具有一定的可信度,又存在一些潜在的问题和风险。在使用员工数据时,企业需要保持谨慎和理性的态度,通过建立完善的管理机制和采取有效的验证审核措施,最大限度地确保数据的准确性和可靠性。

08　管理者如何"玩转"数据

"工欲善其事,必先利其器。"在数字化时代,数据无疑是管理者手中至关重要的"利器"。"玩转"数据,使其真正成为推动企业发展、提升管理效能的强大引擎,是每一位管理者都应深入思考和探索的重要课题。

1. 敏锐的数据意识

管理者应充分认识到数据的价值,将数据视为决策的重要依据,而非仅依靠经验和直觉。例如,亚马逊的管理者深刻意识到用户购买行为数据的重要性,通过对用户浏览历史、购买记录和产品评价等数据的深入分析,精准了解用户需求和偏好,以此为基础进行产品推荐和个性化营销,极大地提高了用户购买转化率和满意度。

2. 掌握数据分析技能和工具

数据的价值只有通过深入分析才能得以挖掘和体现。管理者应熟悉数据分析的基本方法,能够运用数据分析工具从海量的数据中提取有价值的信息和见解。滴滴出行的管理者利用数据分析技术,对用户的出行需求、时间规律、热点区域等数据进行分析,从而实现智能的车辆调度和动态定价策略,优化了资源配置,提高了运营效率。

3. 建立数据驱动的决策文化

在企业内部营造以数据为依据的决策氛围,鼓励员工用数据说话,用数据支撑决策。腾讯旗下的微信团队在产品功能更新和优化决策中,始终以用户行为数据为导向。通过对用户的使用频率、使用时长、功能偏好等数据的分析,决定产品功能迭代的方向,使得微信能够满足用户需求,在社交应用领域保持领先地位。

4. 注重数据安全与隐私保护

随着数据的重要性日益凸显,数据安全和隐私保护成为不可忽视的问题。管理者要建立完善的数据安全管理体系,确保数据在收集、存储、分析和应用过程中的安全性和合法性。

5. 推动数据共享与协同

数据只有在流动和共享中才能发挥更大的价值。管理者应打破部门之间的数据壁垒,促进数据的流通与整合。海尔集团通过搭建数字化平台,实现了研发、生产、销售等各个环节数据的共享与协同,使得各部门能够快速响应市场变化,提高了整体运营效率和创新能力。

总之,管理者想要在数字化时代"玩转"数据,充分挖掘数据的价值,就需要树立数据意识、掌握分析技能、建立决策文化、注重数据安全保护和推动数据共享协同。

09 联合利华：以 AI 助力员工成长

数据驱动不仅可以直接作用于业务管理层面，在员工关怀层面，对企业管理者来说，也可以起到成人达己的效果。

全球著名的消费品公司联合利华一直都走在人才管理与发展的前沿，其曾为员工推出一个意义非凡的在线人才市场"FLEX 体验"。这个市场的独特之处在于，它充分利用了先进的 AI 技术，旨在帮助员工识别新的职业发展机会，以及明确可以提高技能的方向，最终实现"公平化"学习的目标，为员工的职业发展搭建起更为广阔且平等的平台。

这个具有开创性的在线人才市场运用了初创公司 InnerMobility 的前沿技术，为联合利华的人才发展战略注入了强大的科技动力。"FLEX 体验"的工作方式是引导员工建立一个详细且精准的个人简介，这份简介涵盖了他们当前所具备的技能，以及他们期望在未来提高或新获得的技能等内容。

在此基础上，AI 对员工提交的简介进行深入分析与处理，通过复杂的算法和大数据的支持，帮助员工所在的团队精准识别出符合他们发展目标的跨业务机会。例如，AI 能够为员工精准匹配到那些从事后将帮助他们获得全新经验或专业知识的项目。

对联合利华的员工而言，这无疑是一项重大的福利和发展机遇。通过这个在线人才市场，员工不再像过去那样，在职业发展的道路上仅凭自己的摸索和有限的企业内部信息来寻找机会。借助 AI 的精准匹配和推荐，他们能够更加清晰地明确自己的职业发展路径，明确自己需要提升和发展的方向。而企业也在此过程中，收获了员工的满意度与归属感，降低了员工离职率、提升了团队人才的稳定度，实现了企业与员工的共同成长。

第五章 组织进化：协同共生是数字管理精髓

协同，意味着不同部门、团队和个体之间紧密合作、打破壁垒，实现资源的优化配置。共生，则强调相互依存、共同发展，在一个生态系统中创造共享价值。AI等数字技术能更高效地促进协同共生，使企业更敏捷地应对变化，提升创新能力和竞争力，实现可持续发展。

01 新功能：从控制到赋能

在当今复杂多变的商业环境中，组织变革已成为企业求生存、谋发展的必然选择。而在变革过程中，组织功能的转变至关重要，即从传统的控制模式转向赋能模式。

在过去，许多组织采用控制模式来管理和运营。在这种模式下，管理者通过严格的层级制度、详细的规章制度以及集中的决策权力来确保组织的运行符合预期。然而，随着时代的发展，其局限性日益凸显。

控制模式容易抑制员工的创造力和主动性。员工在严格的规定和监督下，往往只能按部就班地工作，缺乏自主创新的空间和动力。此外，决策权的集中和烦琐的流程导致组织反应迟缓，无法及时抓住市场机遇或应对突发情况。

赋能模式则能够激发员工的内在动力和创造力。当员工被赋予更多的自主权和决策权时，他们会更积极地投入工作，为组织贡献更多的创新想法和解决方案。在赋能模式下，决策权下放，基层员工能够根据市场变化迅速反应，从而使组织能够更灵活地应对各种不确定性。

此外，赋能模式能够促进团队协作和知识共享。赋能模式鼓励员工之间交流与合作，打破部门之间的壁垒，营造协同共进的工作氛围，有利于知识和经验在组织内的快速传播和应用。

要实现组织从控制到赋能的转变，管理者需要在多个方面努力：

（1）管理者需要转变思维方式，从指挥者转变为引导者和支持者，给予员工信任和尊重，鼓励他们勇于尝试和创新。

（2）管理者还需要建立开放透明的沟通机制，让信息在组织内顺畅流动。这样员工能够及时了解组织的目标和战略，从而更好地作出决策。

（3）管理者应提供必要的资源和培训，帮助员工提升能力，以更好地承担赋予他们的责任和权力。

以某家科技公司为例进行分析，该公司在早期发展过程中，实行了较为严格的控制模式。这种模式在一定程度上限制了员工的创新思维和自由度，使得产品的更新换代速度无法跟上市场的需求变化，从而导致市场份额逐步萎缩和竞争力下降。然而，该公司在意识到这一问题后，及时进行了深刻的组织变革，开始推行赋能模式。

在赋能模式下，该公司给予研发团队更大的自主决策权，让员工在研发过程中能够更加灵活地运用自身的专业知识和创新能力。此外，该公司还鼓励研发团队大胆尝试新技术和新方案，为产品的创新提供了强有力的支持。为了加强团队之间的协作和知识共享，该公司还建立了一个跨部门的协作平台，使得不同部门之间的沟通变得更加顺畅，资源得到了更加有效的整合。

经过一段时间的努力和探索，该公司最终成功推出一系列具有创新性和竞争力的产品。这些产品满足了市场的需求，赢得了客户的信赖和喜爱。

02　新架构：从科层制到平台化

在 AI 赋能下，很多企业从传统的科层制向平台化迈进，打造了新的组织结构。这一转变具有深远的意义，对组织的运行和发展产生了根本性的影响。

传统的科层制是一种高度结构化和层级分明的组织形式。在这种形势下，权力沿着明确的等级链条层层传递，信息和决策需要经过漫长的流程才能得以传达和执行。

科层制在一定的历史时期内发挥了重要作用，确保了组织的稳定和秩序。然而，随着时代的发展和市场环境的变化，其弊端逐渐显现：信息层层传递容易失真，决策缓慢往往使组织错失宝贵的机会；严格的层级划分使得部门之间形成了明显的壁垒，各自为政，缺乏有效的沟通与协作；资源难以实现最优配置，影响了组织的整体效率和创新能力。

相比之下，平台化运作具有显著的特点和优势。平台化运作更加注重灵活性和创新性。在这种新架构下，部门之间的壁垒被打破，不再有森严的层级和复杂的流程阻碍信息的传递，每个部门和员工都能及时获得所需信息，从而迅速作出反应和决策。而信息的畅通无阻也为组织的高效运行提供了有力保障。

以国内头部的科技型企业字节跳动为例。作为一家在数字内容领域迅速崭露头角的企业，字节跳动的内部组织结构具有高度的灵活性，旨在激发员工勇于尝试和创新的精神。例如，今日头条、抖音等产品的成功推出，均源于字节跳动平台资源的充分利用和技术优势的发挥，各个团队可以独立进行开发与运营。字节跳动平台为员工提供了全面且丰富的数据、算法和技术支持，确保他们能够高效地进行产品迭代与创新。同时，字节跳动积极倡导员工间的合作与交流，推动知识和经验的共享与传承。

平台化的组织结构极大地激发了员工的创造力和创新能力，使字节跳动能够持续推出深受用户喜爱的产品，在竞争激烈的市场环境中实现稳健而迅速的发展。

在数字化时代，协同共生是组织生存和发展的必然要求。从科层制到平台化的组织结构变革，是实现这一目标的重要途径。通过构建平台化架构，组织能够更好地适应市场变化，激发员工的创新活力，实现资源的优化配置。

03　新能力：从分工到协同共生

从分工到协同共生，是组织进化的重要方向。分工是基于专业化原则，将任务分解为若干部分，由不同的人或团队完成。这种模式在传统的组织管理中占据了主导地位，优点在于提高了工作效率，使得组织能够集中精力完成特定的任务。然而，随着AI技术的发展和应用，分工模式逐渐暴露出其局限性，组织对跨领域、跨环节的协同合作有了更高的需求。

协同共生是一种全新的组织管理模式，强调的是组织内部各部分之间的紧密合作，通过共享资源、信息和技术，实现协同效应。在这种模式下，组织不再是各个部分的简单堆砌，而是一个有机的整体，各部分之间相互依存、相互促进。

从个人层面来看，AI成为员工的智能助手。它能够快速处理海量的数据，为员工提供分析结果。例如，市场部门的员工在进行市场趋势分析时，AI可以在短时间内整理并分析大量的市场数据，包括消费者行为、行业动态等，让员工避免在数据的海洋中迷失方向。员工则可以凭借自身的经验和创造力，对AI给出的结果进行解读、判断和优化。人机协作不仅显著提升了员工的工作效率和质量，而且通过与AI互动，员工的专业技能也得到了提升。

从团队层面来看，AI促进了成员之间的高效协作，不同专业背景的团队成员可以通过AI平台共享资源和信息。例如，在产品设计过程中，设计团队可以利用 AI 整合来自工程、市场、制造等不同部门的信息，确保在设计时能够充分考虑产品的可行性、市场需求和生产成本等因素。AI 还可以根据团队成员的特长和任务的需求，合理分配工作，使团队成员之间实现优势互补。在项目推进过程中，AI 还能实时监控项目进度，提醒团队成员关注关键节点，确保团队始终朝着正确的方向前进。

从部门层面来看，AI 打破了部门之间的信息壁垒。不同部门之间的协作不再受限于信息传递延迟和不准确。例如，生产部门可以借助 AI 与研发部门实时共享生产过程中的数据和问题，研发部门能够根据这些信息迅速对产品方案进行改进和优化。销售部门和客服部门也可以利用 AI 分析客户的反馈信息，将有价值的信息传递给研发部门，从而推动产品的更新换代。部门之间通过 AI 实现了资源共享和信息高效流转，整个组织的运行更加顺畅。

协同共生的新能力，不仅有利于提高企业数字管理的效率和质量，也有利于推动数字管理的创新，提高组织的适应性。

04 新目标：兼顾"人"的意义

在追求高效、智能的组织进化过程中，管理者不能忽视一个至关重要的新目标——兼顾"人"的意义。

随着 AI 技术在组织中的广泛应用，数据驱动的决策、自动化的流程以及智能化的系统成为常态。这显著提升了组织运行效率，增强了组织的竞争力。但仅将目光聚焦于技术带来的短期效益，而忽略"人"的因素，那么组织可能会陷入非良性发展的困境。

组织在发展中兼顾"人"的意义应做到以下三点：

1. 关注员工的个人成长和发展

在数字管理的环境下，员工不再仅是执行任务的工具，而是需要不断学习、适应新技术、提升自身能力的个体。组织应当为员工提供培训、学习的机会和资源，帮助他们在数字化的工作环境中不断成长，实现自我价值。

2. 重视员工的工作体验和幸福感

尽管 AI 可以优化工作流程，但过度的数字化监控和量化考核可能会给员工带来巨大的压力，降低他们的工作满意度。因此，组织需要在引入 AI 技术的同时，注重营造人性化的工作氛围，尊重员工的个性和需求，让他们在工作中感受到尊重和关怀。

3. 积极承担社会责任

在数字管理环境下，组织不应仅追求经济利益最大化，还应关注技术应用对社会和环境的影响。组织要积极推动可持续发展，通过技术创新为社会创造更多的正面价值，如解决社会问题、促进公平正义、保护环境等。

以 OpenAI 的大股东微软为例。在 AI 管理的大背景下，微软始终将员工放在核心位置。微软深知员工的成长与发展对企业的重要性，为员工提供了丰富多样的培训课程，从专业技能的深化到领导力的培养，涵盖各个方面。通过线上学习平台和线下的工作坊，员工可以根据自己的职业规划和兴趣选择适合自己的培训内容。这不仅提升了员工的个人能力，也为微软在数字化领域的创新提供了源源不断的智力支持。

在数字化时代，企业不能仅仅关注数据的收集、分析和流程的优化，更要关注"人"的因素。要像微软公司一样，通过提供培训让员工紧跟时代步伐，通过创造成长机会激发员工的潜力，通过提供额外福利和舒适的办公环境提高员工的工作舒适度。只有这样，企业才能在数字化时代走得更远。

05 韧性组织：不确定时代的生存法则

随着科学技术飞速发展和各类智能应用不断涌现，时代发展的不确定性特征更加明显。这种不确定性打破了传统的稳定秩序，让企业面临前所未有的风险和变数。例如，市场需求可能在一夜之间急剧萎缩，供应链可能因突发事件而断裂，竞争格局可能因新技术的出现而瞬间颠覆。在这样的背景下，韧性组织展现出强大的生命力和适应能力。韧性组织并非简单地抵御冲击，而是能够在困境中迅速调整、恢复，并抓住机遇实现超越。

1. 敏锐的感知能力

韧性组织具备敏锐的感知能力，能够精准捕捉外界环境的细微变化。这种能力不仅体现在对市场趋势的敏锐洞察和对客户需求的深刻理解上，更在于对潜在风险与机遇的前瞻性预判。通过细致入微的观察与分析，韧性组织能够提前布局，为应对未来挑战做好准备。

2. 灵活性

面对不断变化的环境，韧性组织展现出惊人的灵活性，能够迅速调整战略方向、组织结构和业务流程。例如，当市场需求发生重大变化时，韧性组织能够迅速调整产品线，重新配置资源，甚至进入全新的业务领域，以抓住新的市场机遇。

3. 强大的学习和创新能力

韧性组织将每一次的挑战都视为学习和改进的机会，通过不断总结经验教训，优化自身的决策和运营模式。同时，韧性组织鼓励员工勇于创新，提出新的想法和解决方案，为组织注入持续发展的动力。

4. 良好的沟通与协作机制

面对不确定性，韧性组织内部的各个部门和团队能够迅速协调行动，形成强大的合力。信息能够在组织内顺畅流通，避免了因沟通不畅导致的决策延误和执行偏差。

例如，德力西电气是施耐德电气与德力西集团共同经营的合资企业，在2020—2022年间，面对外部环境的多重挑战，其凭借卓越的组织韧性，实现了稳健且高质量的发展。

德力西电气确立了以增长为主导的发展战略，通过数字化手段实现全渠道覆盖，并积极寻求业务增长的新途径，持续推动面向未来的产业布局。

面对同行带来的挑战，德力西电气积极采取行动，凭借强大的变革力激活组织，并进一步提升组织韧性。具体举措包括进行组织诊断，优化资源整合，通过流程优化明确权责关系，实现业务属地化管理，从而缩短决策链条。同时，德力西电气持续构建矩阵型组织，以高效敏捷的组织形式与客户共同创新，确保产品开发在时间、成本和质量上的卓越表现。

针对不同层级、不同岗位的员工，德力西电气制订了多样化的培训计划，以赋能员工，推动员工发展。这些努力使得德力西电气在2023年再次荣获"中国杰出雇主"认证，这是它连续3年获得此殊荣。

在这个充满不确定性的时代，打造韧性组织是企业生存和发展的必然选择。只有具备强大的韧性，组织才能在风雨中屹立不倒，在变革中抓住机遇，实现可持续的发展与繁荣。

06 反脆弱组织：抵御"黑天鹅"风险

反脆弱指的是，面对风险时，组织并非保持坚韧或恢复原状，而是具备一种超越传统的应对能力。这意味着组织不仅能够在不确定性和压力下生存下来，还能实现自我进化和成长，变得更加强大、更有活力。

"黑天鹅"风险往往超出常规的预测范围，打破了企业基于过去经验和传统模式所形成的认知框架。其往往以极端的方式出现，影响范围广泛且深远，不仅给经济领域带来重创，还会波及社会、政治、文化等多个层面。

想要打造反脆弱组织，抵御"黑天鹅"风险，企业可以采取以下几方面的措施：

1. 打造灵活的组织结构

企业应摒弃僵化的层级制度，打造扁平化、网络化的组织结构。这样能够减少决策环节，加快信息流通速度，赋予基层团队更多的自主权和决策权，使组织能够快速响应市场变化和客户需求。

2. 培养员工的应变能力

企业应为员工提供多样化的培训和发展机会，帮助员工掌握跨学科知识和技能，提升他们的问题解决能力和决策能力。同时，企业应鼓励员工勇于尝试新的角色和任务，培养他们的适应能力和创新精神。

3. 强化风险管理意识

企业需要建立全面的风险管理体系,包括风险识别、评估、预警、应对等机制。此外,企业应定期进行风险评估和压力测试,制定详细的应急预案,并进行模拟演练,确保在危机发生时能够迅速启动应对措施。

4. 推动创新与合作

企业应鼓励组织内部的创新活动,建立创新激励机制,营造包容失败的文化氛围。此外,企业需加强与外部合作伙伴的合作,包括供应商、客户、科研机构和其他企业,形成互利共赢的生态系统,共同应对不确定性。

构建反脆弱组织并非一蹴而就,它需要长期的战略眼光、持续的投入和全体员工的共同努力。同时,随着科技的飞速发展和社会环境的不断变化,"黑天鹅"风险的形式和特点也在不断演变。因此,反脆弱组织需要不断创新和改进,以适应新的挑战。

07 指数型组织：企业快速成长的秘密

指数型组织并非仅是规模的迅速扩大，其核心在于通过创新的思维、技术的应用以及独特的组织模式，实现业务增长的指数级加速。这种增长并非简单的数量累加，而是基于颠覆性的创新和高效的资源整合，从而在短时间内创造出巨大的价值。

与传统的线性增长组织相比，指数型组织具有截然不同的特质。传统组织往往依赖于内部资源的逐步积累和市场份额的缓慢扩张，增长速度相对稳定且可预测。而指数型组织则打破了这种局限，借助外部力量和前沿技术，实现爆发式增长。

指数型组织拥有独特的运营模式和管理哲学，能够使企业在激烈的市场竞争中脱颖而出，实现跨越式增长。

1. 领导者的战略眼光和变革决心

企业领导者需要具备敏锐的市场洞察力和前瞻性的战略思维，能够准确把握行业趋势和技术发展方向。同时，领导者要有坚定的变革决心，敢于突破传统的思维模式和管理方式，引领组织向指数型发展模式转型。此外，领导者需要积极推动组织文化变革，营造鼓励创新、勇于尝试和包容失败的氛围。

2. 投资于前沿技术和创新人才

为了实现指数级增长，企业需要大力投资于新兴技术研发和应用，如人工智能、区块链、生物技术等。同时,企业要引进和培养具有创新精神、跨学科知识和快速学习能力的人才。这些人才能够将技术与业务深度融合,推动组织的创新和发展。

3. 构建开放的创新生态系统

指数型组织需要与外部合作伙伴建立广泛而深入的合作关系,共同构建创新生态系统。这包括与供应商、客户、科研机构、初创企业等各方的合作。通过合作,组织可以获取更多的创新资源和市场机会,加速产品和服务的创新迭代。

以全球著名的共享空间租赁平台 Airbnb(爱彼迎)为例。Airbnb 作为共享经济领域的先驱,通过搭建在线平台,将闲置的房屋资源与有住宿需求的旅行者进行精准匹配。其创新的商业模式不仅为房东提供了额外的收入来源,也为旅行者提供了更具个性化和性价比的住宿选择。

借助互联网技术和大数据算法,Airbnb 能够快速扩大市场覆盖范围,满足全球用户的多样化需求。在短短几年内,Airbnb 就从一个初创企业成长为全球住宿业的巨头,给传统酒店行业带来了巨大的冲击。

指数型组织代表了未来组织发展的一种趋势和方向,其以创新的思维和模式打破了传统组织的增长限制,实现了令人瞩目的快速成长。

08 亚马逊：反脆弱组织的养成之道

在充满挑战的商业海洋中，有一艘巨轮破浪前行，不仅在逆境中屹立不倒，还能不断拓展疆域，它就是亚马逊。亚马逊的成功并非偶然，背后蕴含着独特的反脆弱组织养成之道，值得管理者和企业深入探究和学习。

在早期发展阶段，亚马逊面临诸多困难和挑战。物流配送的难题、竞争对手的压力、资金的紧张等问题接踵而至。然而，亚马逊凭借坚定的信念和创新的策略，逐一攻克难关。

随着时间的推移，亚马逊不断拓展业务领域，从图书扩展到各类商品的销售，成为一个一站式购物平台。不仅如此，亚马逊还积极进军云计算、数字内容、智能硬件等新兴领域，每一次的拓展都展现出其敏锐的市场洞察力和强大的执行力。

对企业组织而言，反脆弱意味着在面对市场波动、技术变革、竞争压力等各种不确定性时，能够灵活调整战略、优化运营模式、创新产品和服务，从而将危机转化为机遇，实现持续发展和壮大。

亚马逊深刻地理解并践行反脆弱理念。它不满足于仅在稳定的环境中追求增长，而是主动寻求挑战和变化，通过不断地试错和创新，在动荡的市场环境中变得更加强大。

亚马逊十分重视创新，不断推出新的产品和服务，颠覆传统的商业模式。

例如，亚马逊推出的 Prime 会员服务，不仅提供免费送货服务，还提供视频、音乐等多种增值服务，极大地提高了客户的忠诚度。

亚马逊云计算服务（amazon web services，AWS）的诞生更是亚马逊创新精神的杰出体现。当时，云计算还处于起步阶段，但亚马逊敏锐地洞察到了其巨大的潜力，果断投入资源进行研发和推广。如今，AWS 已经成为全球领先的云计算服务提供商，为众多企业提供强大的技术支持和云计算解决方案。

亚马逊深知技术是推动业务发展的核心动力，因此在技术研发和基础设施建设方面不遗余力。它建立了庞大的数据中心和高效的物流配送网络，运用大数据分析、人工智能和机器学习等先进技术优化运营流程、预测市场需求并实现个性化商品推荐。例如，亚马逊的智能物流系统能够根据订单的地理位置和商品的库存情况，自动规划最优配送路线，大大提高了配送效率和准确性。

亚马逊的成功故事不仅是一个商业传奇，更是一堂关于如何打造反脆弱组织的生动课程。在这个充满不确定性和挑战的时代，企业只有不断强化自身的反脆弱能力，才能在风雨中屹立不倒，迎接未来的机遇与挑战。

第六章 敏捷团队：快速响应与灵活机动

敏捷团队是一种具有高度灵活性和快速响应能力的团队形式,能够在快速变化的环境中迅速作出决策,并以最短的时间采取行动,以满足市场的需求。

01 团队是企业的最小作战单元

"孤举者难起,众行者易趋。"在当今竞争激烈、风云变幻的商业世界中,团队已成为企业发展的核心力量,是企业的最小作战单元,其重要性不言而喻。

团队之所以被视为企业的最小作战单元,在于其具备整合个体优势、实现协同效应的能力。《孙子兵法》有云:"上下同欲者胜。"一个团队,成员有着共同的目标,心往一处想,劲儿往一处使,便能产生强大的凝聚力和战斗力。

例如,苹果公司的设计团队汇聚了来自不同领域的顶尖人才,包括工业设计师、软件工程师、市场营销专家等。这些人才各自有着独特的专长,在团队协作下,共同打造出一系列具有划时代意义的产品,如 iPhone、iPad 等,引领了全球科技潮流。正是因为这个团队能够将不同成员的智慧和才能有机融合,才创造出远超个体之和的巨大价值。

团队的力量还体现在其能够应对复杂多变的市场环境。当今的商业世界风云变幻,机遇与挑战并存。企业如同在波涛汹涌的大海中航行的船只,而团队则是这艘船上一个个紧密协作的船员小组。当市场需求发生变化时,团队能够迅速整合资源、调整策略,创新产品或服务,从而在竞争中脱颖而出。

然而,要打造一个高效的团队并非易事,这需要明确的分工与协作。"骏马能历险,犁田不如牛;坚车能载重,渡河不如舟。"团队中每个成员都有其独特的优势和不足,只有根据成员的特点进行合理的分工,才能使团队的效能最大化。

同时,成员之间的协作也至关重要。在分工的基础上,成员需要相互支持、相互配合,形成一个有机的整体。

"能用众力,则无敌于天下矣;能用众智,则无畏于圣人矣。"在企业发展的征程中,团队作为最小作战单元,其力量不容小觑。只有充分发挥团队的优势,打造高效、协作、创新的团队,企业才能在激烈的市场竞争中立于不败之地,乘风破浪,驶向成功的彼岸。

02 管理重塑：引爆员工自驱力

传统的管理方式往往依赖于人为的判断和经验，存在诸多的局限性和不确定性。而AI管理凭借强大的数据处理和分析能力，重塑企业的组织结构和管理模式，为企业提供更为科学、客观的决策依据。

1. 在AI管理的新框架下，员工的能力和潜力能够得到更精准的评估和挖掘

正如《论语》中所言："因材施教。"AI可以通过对员工工作数据的深度分析，了解其优势和不足，从而为其制订个性化的发展路径和培训计划。

2. AI管理还能够为员工营造一个公平、透明的工作环境

"不患寡而患不均。"在企业中，公平公正的氛围是激发员工自驱力的重要因素。AI基于客观的数据和算法进行绩效评估、薪酬分配等工作，避免了人为因素带来的偏差和不公，使员工能够心服口服地接受结果，从而更加专注于工作本身，努力提升自己的业绩。

3. AI管理能够实现工作任务的智能分配

"知人善任，各尽其能。"AI能够根据员工的技能、经验和工作负荷，将任务精准地分配给最合适的人员。这不仅提高了工作效率，更让员工能够在自己擅长的领域发挥所长，获得成就感和满足感，进而增强对工作的热爱和投入。

4. AI管理能够优化员工行为

例如,企业可以利用视觉识别技术对员工的工作表现进行实时监控和分析。通过识别员工的工作状态、操作规范等,企业可以及时发现并纠正员工的不良行为,增强员工的安全意识,提高员工的工作效率。此外,视觉识别技术还可以用于考勤管理,实现员工出入企业的自动化记录和统计。

然而,在推行AI管理的过程中,管理者也需警惕可能出现的问题。例如,过度依赖数据可能导致忽视员工的情感需求和创新思维;技术的应用可能引发员工对隐私泄露的担忧等。

为了充分发挥AI管理的优势,企业需要在引入AI技术的同时注重人文关怀。具体来说,企业要与员工保持密切的沟通和交流,倾听他们的声音,解决他们的困惑。同时,企业要加强数据安全和隐私保护,让员工放心地在AI环境中工作。

03　自我效能感与胜任力拓展

自我效能感是指个体对自己完成某项任务的能力的信念和信心,直接影响个体的行为选择、努力程度和坚持性,是个体心理资本的重要组成部分。胜任力则是指个体完成特定任务所需的知识、技能和态度,是个体实现自我价值、提升工作质量的重要保证。

在实际工作中,自我效能感和胜任力密切相关且相互促进。一方面,个体通过不断学习和实践,提升自己的知识、技能和态度,从而增强自己的胜任力;另一方面,个体在实践中感受到自己的能力和成就,从而增强自我效能感。这种相互促进的过程,使得个体在不断地拓展自我效能感和胜任力的同时,也实现了自我成长和自我超越。

企业管理者可以通过促进员工自我效能感的塑造与提升,营造积极向上的团队氛围。小李是一家销售公司的销售人员。小李刚入职时,对自己的销售能力不是特别有信心,自我效能感较低。

然而,他的领导注意到他的潜力,并给予他一些积极的言语劝导。领导经常鼓励小李,让他相信自己能够成为优秀销售人员,并分享了一些成功销售的案例来激励他。

同时,公司为员工提供了相关的培训。小李积极参加这些培训,学习销售技巧和产品知识,逐渐积累了一些成功的销售经验,这增强了他的自我效能感。

他开始相信自己能够更好地与客户沟通,并有效地推销产品。

在实际工作中,小李善于观察其他优秀销售人员的做法。他从那些销售业绩突出的同事身上学到了很多实用的销售策略和方法,这些替代性经验进一步提升了他的自我效能感。于是,小李变得更加积极主动。他不再害怕与客户接触,而是主动寻找潜在客户,并努力了解他们的需求。面对客户的拒绝,他也不再气馁,而是坚信自己可以通过不断改进方法来达成交易。

有一次,公司推出了一款新产品,销售难度较大。许多同事在尝试后都遇到了挫折,但小李没有被困难吓倒。他凭借较强的自我效能感,不断调整自己的销售策略,深入研究产品特点和客户需求。

经过多次努力,小李终于成功地与一位重要客户达成合作,销售了大量的新产品。他的销售用语经过总结提炼后被录入 AI 销售助理系统,作为同类产品的营销交流参考。

这次成功经历让他的自我效能感得到了极大的提升,也让他更加坚信自己有能力应对各种销售挑战。此后,小李继续不断拓展自己的胜任力。他不满足于完成销售任务,主动学习市场动态、行业知识等,以便能够为客户提供更全面、更专业的服务。他的销售业绩不断攀升,他因此成为公司的销售明星。

总体来说,自我效能感和胜任力的拓展是一个长期、持续的过程,需要员工的积极参与和努力,也需要企业管理者的鼓励、帮助与引导。企业可以通过不断倡导员工参与学习和实践,帮助员工在提升自我效能感和胜任力的同时,实现个人价值。

04　强调目标导向，激活习惯力

敏捷团队除了要具备高效协作能力与快速应变能力之外，还需强调目标导向并激活员工的习惯力，这样才能在复杂多变的环境中稳步发展。

目标导向是敏捷团队遵循的核心原则之一。清晰明确的目标可为团队成员指明方向，让他们明确努力的方向。而目标和关键结果（objectives and key results，OKR）是敏捷团队实现目标导向的有力工具，它包含目标和关键结果两个部分。目标是简洁且鼓舞人心的方向指引，解答了"我们想要实现什么"的疑问；关键结果则是衡量目标是否达成的可量化指标。

通过设定OKR，敏捷团队能够把宏大的愿景拆解为具体、可操作的目标以及可衡量的成果。例如，软件开发团队的目标是"打造一款用户体验极佳的应用程序"，关键结果是"在一个月内将用户满意度提升至90％以上""把应用程序的加载时间缩短至1秒以内"等。这样一来，团队成员在日常工作中便能紧紧围绕这些关键结果开展行动，确保所有努力都是为了实现最终目标。

不过，仅有目标导向是不够的，习惯力的激活是敏捷团队持续高效运转的关键所在。习惯力能使团队成员在不经意间做出符合团队目标的行为，从而提高工作效率。敏捷团队可以利用敏捷项目管理工具（如字节跳动旗下的飞书）来培养和激活员工的习惯力。这类工具可以帮助团队成员养成及时记录工作进度、快速响应任务变更以及高效协同工作的习惯。

团队成员经常在飞书上更新自己负责的任务的状态、查看其他成员的工作进展、讨论并解决问题,这些行为就会慢慢内化为习惯。习惯的养成不但有助于提高团队的工作效率,还能让团队成员更好地适应敏捷开发的快节奏与多变性。

敏捷团队以目标为导向,借助OKR等工具将目标细化并落实,同时激活员工的习惯力,团队就会爆发出强大的战斗力。每一个成员都能在目标的指引下,自觉地运用习惯力高效地完成工作任务。这样的敏捷团队,能够在瞬息万变的市场环境中迅速响应客户需求,推出高质量的产品和服务,推动企业可持续发展。

05　稳固敏捷组织的三角模型

三角形是最稳定的结构。从架构角度来看,一个稳固的敏捷组织同样有三个核心要素:业务、技术、团队。三者构成了敏捷组织三角模型,如图6.1所示。三者对齐,能保持相对平衡并互相促进,形成一个完整的组织闭环,是敏捷组织持续、健康发展的关键。

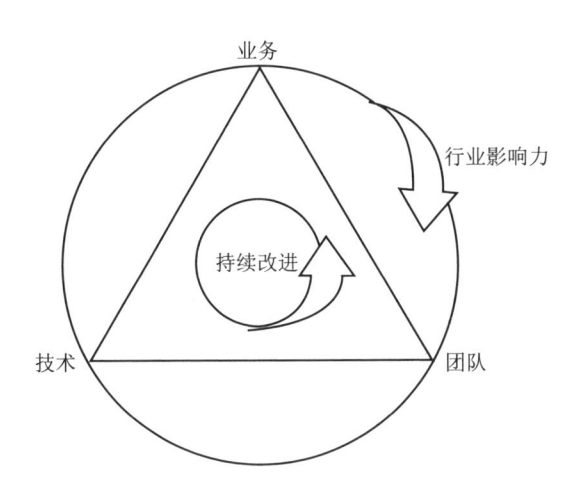

图 6.1　敏捷组织三角模型

敏捷组织在成长过程中会不可避免地遇到很多阻碍,有些是来自业务上的痛点,有些是来自环境中的问题。当这些痛点和问题映射在敏捷组织三角模型中时,敏捷组织就会失去支撑的核心。

例如，组织内部缺乏生机型的文化和合理的柔性管理措施，导致风气不正、效率低；业务与团队之间缺乏分层的项目管理机制，导致项目人员构成混乱，难以推进项目进度；团队与技术之间缺乏无缝的体验感，技术与业务之间缺乏理想的协作模式等。这些问题都会影响组织成长与进步，阻碍组织正常运作。

而团队拓扑可以有效解决这些问题。业务与 AI 等技术融合、技术为团队赋能、团队对业务进行管理，这些都是敏捷组织形成稳固三角架构的重点。如果要解决上述问题，企业就要意识到团队是组织最小的作战单元，这是为了保障组织最基础的灵活性和敏捷性。

组织要打造跨职能的团队，而非功能单一的职能部门。跨职能团队能有效缩短产品交付周期，提高业务流程的透明度。同时，敏捷组织的团队是面向数字化产品与业务价值的团队，是一个长期存在的稳定团队。如果为每一个项目都组建团队，那么组织的成本势必会大大增加。因此，组织只需要面向特定的领域组建长期稳定的团队即可。

而其他领域的项目，可以从人员充沛的团队中临时抽调人手组建团队，由于有着前期的磨合，因此临时组建的跨职能团队效率也很高。

当业务、技术、团队三者之间实现高效协同时，它们就像三角形的三个边一样，相互支撑、相互加强，形成一个坚固的联合体。这种协同不仅能够确保组织在稳定中寻求发展，更能在发展中保持稳定性，从而形成一种可持续的组织发展闭环。这样的敏捷组织，能够在不断变化的市场环境中保持竞争力和活力，实现长期的成功和增长。

06 通过试点找到敏捷团队的落地方案

敏捷开发只是一个概念,若想将概念落地,打造真正意义上的敏捷团队,就要使用各种方法论和实践方法。敏捷方法论与实践方法有很多,如精益软件开发、探索性测试、测试驱动开发、试点落地实践等。

通过试点,组织可以沉淀一套符合业务需要和团队增长节奏的落地实践方案。这套方案可以帮助团队规划产品体系,通过虚拟团队模拟的方式明确需求的优先级,进而形成有节奏的迭代规划,聚焦高价值的任务交付需求。当需求管道相对稳定后,实际上就形成了符合"两个比萨原则"(团队人数不能多到两个比萨还吃不饱)的稳定小团队,团队成员也都相对稳定。因此,团队可以更好地完成价值交付,为团队的发展规划留出更大的空间。

小团体试点的敏捷落地方案得到证实后,接下来可以在组织内推行这套方案。在组织内,首先,要通过选拔或招募的方式识别敏捷组织三角模型的种子员工,并对其进行专项培养。其次,组织要帮助种子员工进行实战,扩大其在团队中的影响力,并按照合理的方式拆分业务,划分团队边界。最后,组织要按照不同团队的不同运转方式形成不同的落地方案,并根据业务的需求,持续演进技术架构和团队。

而通过内部、外部双循环的方法,对内能为组织嵌入持续改进的 DNA,对外则能塑造生机型文化。组织要根据数字化发展规范,确定持续改进的方针,组建教练队伍，负责整个组织的持续改进，并挑选出闭环跟踪的主责人。主责人要负责制定落地措施，培养团队的自我改进意识。此外，主责人还要构建驱动改进的度量体系，坚持持续改进的机制，建立规范化的度量指标，指引团队工作的改进方向，通过召开回顾会议、总结会议等对工作进行复盘，使团队改进工作形成闭环。

对外通过塑造生机型文化，提升组织在行业内的影响力。例如，通过举办创新大赛、专题研讨会议等方式为组织营造创新型文化和自主学习的氛围。

在实践敏捷团队落地方案的过程中，组织会遇到各种各样的困难，很多方法需要根据数字化进程进行切合实际的调整。但是在这个过程中，敏捷团队一定要始终坚持一个原则：以用户需求为导向。

敏捷开发的核心是"小步快走，高频迭代"。"小"是指每一次的落地需求要小，能独立预测到。"快"是指当每一次的需求足够小时，任务也会变得简单，交付也会足够快。而"高频迭代"是所有敏捷开发产品的重点，没有哪一次的版本是完美无缺的，市场在变化，用户需求也在变化，只有快速迭代优化，及时将满足用户当前需求的版本交付，做到灵活响应，才能在市场上长盛不衰。

07　适合敏捷团队的数字文化

敏捷团队作为一种能够快速适应变化、高效创新的团队形式,逐渐成为众多企业追求卓越的利器。然而,要使敏捷团队真正发挥出其巨大的潜力,仅仅拥有灵活的工作流程和高效的协作工具是远远不够的,还需要构建一种与之相契合的数字文化。

适合敏捷团队的数字文化具有以下四个特点:

1. 要求团队成员具备良好的技术素养

这意味着团队成员需要掌握一定的技术知识和技能,能够熟练地使用各种数字工具和平台,以便高效地完成任务。

2. 强调团队成员之间的紧密沟通与协作

在敏捷团队中,成员之间需要通过各种数字工具进行实时沟通,分享想法和反馈,以便快速作出决策和调整。这种沟通不仅包括面对面的交流,还包括在线会议、即时消息、社交媒体等形式的远程沟通。通过这种方式,团队成员可以保持紧密联系,共同推进项目。

3. 倡导开放、透明的信息共享

在敏捷团队中,所有成员都应该能够轻松访问项目的相关信息,包括项目计划、任务分配、进度报告、代码库等。这样团队成员可以更好地了解项目全貌,为项目提供更有针对性的建议和解决方案。同时,开放的信息环境也有助于减少信息不对称,提高团队的凝聚力和执行力。

4. 强调持续学习和创新

在敏捷团队中,成员应该具有持续改进的心态,勇于尝试新方法和技术,以提高项目质量和效率。同时,团队还需要定期进行知识分享和技能培训,以不断提升团队的整体能力。

Spotify是一家全球知名的音乐流媒体公司,其敏捷团队在数字文化的引领下取得了显著成就。团队采用了灵活的工作模式,鼓励成员快速尝试新的音乐推荐算法和用户体验设计。通过实时收集用户数据,并基于数据分析进行快速迭代,Spotify能够不断优化其服务,为用户提供个性化的音乐推荐,从而吸引了大量用户,保持了行业领先地位。

适合敏捷团队的数字文化是一种以技术为基础、以人为核心、以创新为导向的文化。在这种文化氛围中,团队成员能够充分释放自己的潜力,高效地完成任务,为团队的发展和成功奠定坚实基础。

08 员工与组织共享价值成果

敏捷团队之"敏捷",在于其能够迅速感知市场动态,快速调整战略方向,灵活地应对各种挑战。而这一特性的实现,离不开团队成员的齐心协力、积极进取。当员工的个人努力与团队的整体目标紧密结合,当个人的价值创造与组织的发展成果相互交融,一种强大的合力便应运而生。

员工与组织共享价值成果,首先意味着公平与尊重。在敏捷团队中,如果员工的付出能够得到相应的回报,其积极性与创造力将得到激发。公平的价值分配机制让每一位为团队贡献智慧和力量的成员都能感受到自身的价值被认可,从而激发他们更大的潜能。

例如,字节跳动、腾讯等实现裂变式增长的企业都为员工设立了股票期权计划,使员工能够与企业共同成长,共享价值成果。企业业绩强劲,股价上涨,员工手中的股票期权便会大幅增值。

一些连锁的消费类企业,如星巴克,为员工提供了一系列福利待遇,包括全面的医疗保险、带薪休假以及员工专属折扣等。以员工专属折扣为例,员工在店内购物可以享受大幅度的价格优惠,这一政策不仅适用于全职员工,也惠及兼职员工,彰显了星巴克对公平原则的坚持。企业重视每一位员工的贡献,不因职位或工作时间的长短而有所偏颇,让每位员工都能感受到自己的价值和被尊重。

再者，员工与组织共享价值成果能够营造出一种团结共进的团队文化。当员工明白自己的努力不仅为个人带来收益，更为整个组织的繁荣添砖加瓦时，团队内部便会形成一种休戚与共的氛围。正所谓"人心齐，泰山移"，这种凝聚力使得团队在面对困难时能够众志成城、共克时艰。

同时，员工与组织共享价值成果还有利于组织的长期发展。敏捷团队若能让员工共享成功的果实，便能吸引和留住优秀人才，不断充实团队的智慧宝库。这些人才如同新鲜血液，为组织带来新的思维和创新的动力，推动组织在时代的洪流中勇立潮头。

然而，要实现员工与组织共享价值成果并非易事。这需要组织建立科学合理的绩效评估体系，准确衡量员工的贡献；需要领导者具备长远的眼光和广阔的胸怀，不吝啬于与员工分享利益；更需要在团队中营造信任与合作的文化氛围，让共享价值的理念深入人心。

在追求敏捷团队员工与组织共享价值成果的道路上，或许会有困难与挑战，但只要管理者坚定信念，不断探索，就能铸就团队与员工共同发展的辉煌篇章。

09　海尔：敏捷团队的设计原则

在工业 4.0 浪潮的大背景下,我国知名制造企业海尔在敏捷团队搭建方面的表现可圈可点。海尔以其卓越的创新精神和敏锐的市场洞察力,在全球多个市场完成了差异化的产品研发与柔性生产。海尔的成功源于其在打造敏捷团队方面走出了一条独具特色的道路,其设计原则值得其他企业深入探究与学习。

海尔的发展历程并非一帆风顺,而是在不断变革与创新中砥砺前行。从传统的大规模生产模式到如今的个性化定制、智能化制造,海尔始终紧跟时代步伐,积极拥抱变化。

在过去,海尔像许多传统企业一样,采用的是层级分明的组织结构,信息传递缓慢,决策流程冗长。然而,随着市场竞争的加剧和消费者需求的日益多样化,这种模式的弊端逐渐显露。为了适应新的市场环境,海尔果断踏上了敏捷转型的征程。

海尔打破了部门之间的壁垒,将庞大的组织分解为一个个灵活的小微团队,这些小微团队能够迅速感知市场的细微变化并响应。例如,在产品研发方面,过去可能需要经过层层审批和漫长的周期,而现在,小微团队可以直接与用户互动,根据用户的反馈在短时间内完成产品的迭代升级。

在研发一款新型智能冰箱的过程中,海尔的敏捷团队发挥了关键作用。团队成员来自不同的专业领域,包括电子工程、软件设计、工业设计和市场营销。他们紧密合作,在短短几个月内就完成了从概念设计到产品原型的开发。在研发过程中,团队充分倾听用户的声音,根据用户对智能控制、保鲜功能和外观设计的需求,不断优化产品方案。

最终,这款智能冰箱凭借出色的性能和创新的设计,一经上市就成为爆款,为海尔赢得了良好的口碑和大量市场份额。这种针对小市场、小众人群需求的快速响应能力,在今天我国企业出海、需要适应各个区域市场差异化需求的大背景下,格外具有竞争力。

多年来,海尔始终将用户需求放在第一位,这也是其敏捷团队设计的核心原则。其管理者深知,只有深入了解用户的痛点和期望,才能开发出真正满足市场需求的产品和服务。

为了实现这一目标,海尔建立了完善的用户反馈机制。通过大数据分析、在线调研、用户社群等多种渠道,收集用户的声音。团队成员能够实时获取用户的意见和建议,并将其作为产品改进的方向。例如,海尔发现用户对静音洗衣机的需求较高,于是敏捷团队迅速开展研发工作,推出了一款超静音洗衣机,赢得了市场的青睐。

海尔的敏捷团队设计原则是其在激烈的市场竞争中脱颖而出的重要法宝。通过以用户为中心、构建灵活的团队架构、授权与自主决策以及持续学习与改进等一系列举措,海尔成功打造了一支支敏捷高效的团队,为企业的发展注入了强劲的动力。这不仅提升了海尔的竞争力,也为同行业的其他企业提供了宝贵的参考。

第七章 数字化HR：激发人力资源管理效能

在 AI 的赋能下，传统 HR 加快向数字化 HR 转变。通过大数据分析和智能算法，数字化 HR 能精准匹配人才与岗位，提升招聘效率和质量。数字化 HR 以其独特的优势，打破了传统人力资源管理的局限，为企业打造高效能的人才队伍提供有力支持。

01 AI 让招聘"换新颜"

数字化工具是人力资源数字化的基础要素。其能够改进人力资源管理活动的操作方式和工作流程,消除时间、空间上的壁垒,确保各项管理活动高效开展。

当企业面临大规模招聘时,如果没有数字化解决方案,那么招聘工作将非常烦琐。假如企业需要招聘 100 名员工,应聘者可能多达上千名,那么人力资源部门需要配置几名 HR？发布招聘需求到新员工到岗需要多久？需要几名 HR 管理和推进后续的工作？

专注于企业数字化人才服务的钰顺数科推出的解决方案可以实现人力资源数字化管理系统与外界多个第三方招聘平台连通,企业可以一键发布岗位需求。同时,该解决方案还实现了其他人才资源补充,如校企合作的院校网络、人才市场资源库、钰顺数科自有人才库等,实现对人才的全网覆盖。

进入匹配环节,该解决方案能够帮助企业设置 AI 机器人,进行简历回收与整理,实现应聘者学历、经验、能力结构化、标签化,一键生成应聘者与岗位的匹配度报告。这得益于大模型技术的强大支撑,它能够灵活地将应聘者信息与不同岗位、用人场景进行精准匹配,助力企业迅速筛选出优质候选人,并给出相对的分值排名。成功匹配后,AI 机器人会向目标人选发送笔试、面试邀请,并且笔试、面试均可由 AI 机器人完成,同时,面试情况全程录像,方便企业回看与验证。

此外，AI机器人能够预测人才的留存率和绩效表现。利用大数据分析，AI机器人可以根据候选人的过往经历、教育背景、职业发展路径等因素，预测其在新岗位上的适应能力和未来的绩效。这使得企业在招聘时能够更加精准地选择那些不仅符合当前需求，而且有潜力长期为企业创造价值的人才。

AI为招聘带来的变革是积极而显著的。它让招聘过程更加高效、精准、科学，也为企业吸引优秀人才提供了更强大的工具和手段。

02 面试AI化,效率大幅提升

对一些大型企业来说,传统的面试流程很烦琐,需要投入大量的人力资源。招聘人员需要花费大量时间筛选简历、安排面试时间、进行面对面的交流,然后再综合评估每个候选人。这不仅需要消耗大量的时间和精力,还可能因为主观因素的影响而导致招聘决策出现偏差。AI技术的引入则有效地解决了这些问题。

1. 实现简历自动化筛选

通过自然语言处理和机器学习算法,AI可以帮助大型企业快速分析大量简历中的关键信息,如工作经验、技能、教育背景等,并根据预设的标准筛选出符合要求的候选人。这大幅缩短了简历筛选的时间,并提高了筛选结果的准确性。

2. 进行初步的面试评估

利用语音识别和情感分析技术,AI能够对候选人在电话面试或视频面试中的表现进行评估,包括语言表达能力、沟通技巧、情绪稳定性等方面。招聘人员可以根据AI提供的分析报告,更有针对性地进行后续的深入面试,提高面试的效率和质量。

3. 优化面试安排

AI可以根据候选人和面试官的日程,自动安排面试时间,避免了烦琐的协调工作。同时，AI可以实时提醒面试官和候选人面试的相关信息，确保面试流程顺利进行。

例如，近屿智能推出的"AI得贤招聘官"可以帮助大型企业极大地降低高流动性岗位的招聘成本。该产品经历了多次技术革新，其底层支撑已由传统机器学习算法逐步进化至多模态融合算法及生成式人工智能HR行业大模型。在与一家领先的1对1英语培训企业合作时，近屿智能首席咨询顾问团队主导提炼了外教老师的胜任力模型。在此过程中，AI不仅评估回答内容，还深度考量宏表情、声音等多重维度，并通过综合权重形成总分。

得益于多模态融合技术的算法优化，"AI得贤招聘官"与人类面试官在面试结果上的吻合度高达92%。这不仅帮助企业将原本需要一个月完成的招聘工作缩短至3天，面试效率提升了10倍，而且平均每招聘一名员工的成本降低了40%。

该产品还为某电力企业推出"AI视频面试"+"在线考试"+"在线编程考试"的组合产品，显著将招聘决策周期由两个月缩短至一周，并借助机器人流程自动化技术提升招聘流程的整体流转效率。

目前，近屿智能已构建了一整套标准化的产品和服务体系，涵盖L4级别AI视频面试、招聘管理系统（applicant tracking system，ATS）、在线编程考试、胜任力建模咨询等，使得中小型企业也能以较低成本享受到先进的AI招聘服务。

面试AI化是招聘领域的一次重大突破，使得招聘效率有了大幅提升。在积极拥抱这一变革的同时，企业管理者可以对HR部门进行升级，为企业的发展注入人才"活水"。

03 AI 与入职环节的"化学反应"

选定了新员工后,就进入了人事管理环节:入、转、调、离。这个环节是人力资源管理数字化转型的重要一环。

就入职而言,入职手续本身不会给企业带来任何效益,却又不可或缺。入职流程包括体检、档案填写、签署劳动合同与保密协议、规章制度学习、各种证卡办理、申领各类系统账号、入职培训等。大型企业的新员工办理完入职流程快则两三天,慢则一周以上。

而 AI 的引入,彻底改变了这一局面。AI 以高效的自动化流程,极大地简化了入职过程。新员工可以在便捷的在线平台上输入相关信息,AI 系统凭借强大的自然语言处理和图像识别技术,能够迅速且精准地提取关键数据,并自动与预设的标准和要求进行比对和审核。这意味着过去可能需要数天甚至数周才能完成的入职手续,如今可以在短短几个小时甚至更短的时间内完成。

钰顺数科推出的"慧就业"App 员工版可以实现 15 分钟完成入职手续办理。新员工收到企业的录取通知后,按照入职通知中的指引下载"慧就业"App,填写相关资料,就能够在线完成电子合同(劳动合同、保密协议等)的签署并申领各类办公用品、工位、证卡等。

AI 还为新员工提供了极具个性化的入职体验。新员工可以在 App 中选择最近的体检医院,填报体检申请,在去企业报到前完成体检,而体检报告会直接上传到企业账户。

同时,通过对新员工个人资料、岗位需求以及企业内部的资源和培训体系进行深度分析,AI能够为每一名新员工量身定制专属的入职计划。这包括精准推送适合其岗位的培训课程、详细的工作指南,介绍企业文化和团队架构的多媒体资料等。

完成以上内容后,新员工可以录制自我介绍视频,上传到App中,并@领导和所有同事观看。新员工也能够在App中看到部门领导和同事的自我介绍。新员工到企业报到即可自行来到工位,工位上摆放着其申领的所有证卡和办公电脑。

AI与入职环节的深度融合是人力资源管理在数字化时代的必然趋势。企业应积极拥抱这一趋势,充分发挥AI的优势,同时谨慎应对可能出现的问题,以打造更加高效、人性化、个性化的入职体验。

04 新时代的 AI 培训路线

新员工入职后,需要接受培训,以尽快适应工作。目前,市场上存在大量的线上培训系统,开发和设计比较成熟,实现了培训的数字化。实际上,实现培训数字化不难,难在培训成果的高质量落地。

AI 培训是一项系统化工程,需要细致入微地规划和执行。

1. 需求分析

深入了解企业的业务需求、新员工的岗位特点和技能要求,为 AI 培训系统的设计和开发提供明确的方向。

2. 技术选型与平台搭建

根据企业的规模和预算,选择合适的 AI 技术供应商和培训平台,确保系统的稳定性和可扩展性。

3. 课程内容开发

结合企业的知识体系和培训目标,利用 AI 技术生成丰富多样、生动有趣的培训课程,包括视频、动画、案例分析等多种形式。

4. 培训效果评估与优化

建立科学的评估指标和方法,定期对 AI 培训的效果进行评估和分析,根据反馈结果不断优化培训内容和算法,提高培训的质量和效果。

AI 驱动的培训系统能够提供实时的反馈和指导。在新员工学习过程中,

AI可以实时评估他们的表现,指出不足之处,并提供有针对性的改进建议。这种及时的反馈机制有助于新员工快速调整学习策略,提高学习效果。

此外,AI还能通过模拟真实的工作场景进行培训。利用虚拟现实(virtual reality,VR)和增强现实(augmented reality,AR)技术,新员工可以身临其境地感受工作环境,进行实际操作,模拟解决潜在问题。这不仅提升了培训的趣味性和参与度,还让新员工在入职前就积累了一定的实践经验,降低了在实际工作中出错的概率。

钰顺数科自主研发的"慧学堂"培训系统能够根据员工的知识结构、工作经验进行"填补式""进阶式"培训。新员工到岗时,慧学堂能够根据员工的IP自动查询他入职时的结构化标签,按照工作岗位能力需求向其智能推荐培训课程。"慧学堂"培训系统包括"领导推荐必学课程""岗位必学知识""海量自选课"等内容,能够满足多样化的员工培训需求。此外,慧学堂培训系统还能够根据知识数量和培训时间、试用期时间生成学习计划,计划好员工每天必须完成的学习量。

在新时代,AI为新员工培训注入了强大的动力。合理运用AI技术有助于企业打造更高效、更具针对性的培训体系,帮助新员工更快地融入企业,为企业的发展贡献力量。

05　打造基于 AI 的绩效体系

AI 技术的快速发展，特别是机器学习和自然语言处理技术的革新，为绩效管理带来了前所未有的机遇。传统的绩效评估方法往往依赖于主观判断和有限的数据，容易出现偏差和不公正。而基于机器学习和自然语言处理技术的绩效体系则能够利用大数据和先进的算法，对员工的工作表现进行全方位、多维度的分析。

通过收集员工日常工作中的各种数据，如工作时间、任务完成情况、与团队成员的协作交流等，机器学习技术能够准确地描绘出员工的工作画像。这不仅包括工作成果，还涵盖工作过程中的行为和态度。例如，机器学习算法可以分析员工在处理项目时的决策速度和准确性，判断其解决问题的能力；自然语言处理技术通过对邮件和即时通信记录的分析，评估员工的沟通协作水平。

实时数据分析技术和预测模型相结合，能实现实时的绩效监控和反馈。传统的绩效评估通常是周期性的，无法及时发现问题并给予指导。而实时数据分析技术可以实时跟踪员工的工作进展，一旦发现问题或偏差，立即向员工和管理者发出预警，并提供有针对性的改进建议。这有助于员工及时调整工作策略，提高工作效率。

方云智能是一款算法驱动的一站式 AI 研发绩效管理平台。该平台通过一套紧密结合企业战略与管理目标的绩效体系，实现员工个人绩效的量化评估与个人价值的可视化展现。

该平台能够精细化构建员工模型,通过在管理团队的前台实时展示各项效能指标,如员工总体画像、历史排名、日均工作时长、代码贡献、任务按期完成率、工作饱和度、缺陷处理速度、历史荣誉等,确保员工绩效画像的精准性,为管理者进行绩效评定、评价、激励与访谈提供有力的依据。

同时,该平台设有研发员工自管理板块。该板块借助方云小程序提供的RPA助手机器人、AI任务规划、每日任务复盘及行为习惯培养等功能,协助员工梳理日常工作思路,优化时间管理,从而培养良好的自我管理习惯,显著提升管理团队的管理效率。

基于AI的绩效体系可以通过数据收集与分析、建立模型、实时监控与反馈等方式,更科学、精准地评估员工绩效,提升管理效率和组织竞争力。

06 "AI＋薪酬"引爆执行力

对数字化程度不高的企业来说,薪酬统计是一项很麻烦、琐碎的工作。为了计算员工的薪酬,企业需要收集员工的基础信息、考勤数据、绩效评分以及奖金和补贴等各项数据。这些数据的收集、整理和验证需要消耗大量时间和精力。

集设计、生产、销售于一体的企业,还涉及多种产品与多种提成方式、任务时间的维度、不同的用工情况等。这些都使得薪酬统计极其烦琐。因此,薪酬计算需要一个强大的规则引擎,让企业可以自定义薪酬计算规则,以适配不同的薪酬科目。

大数据分析和机器学习技术能够对海量的数据进行深度分析,从而更全面、准确地评估员工的工作表现。例如,通过对员工的工作时长、任务完成质量、项目成果、客户满意度等多维度数据的收集和分析,大数据分析技术可以为企业提供一个更为客观、精细的员工绩效画像。

基于员工绩效画像,薪酬体系得以实现个性化和动态化。机器学习算法能够识别出那些在工作中表现出色、为企业创造突出价值的员工,并根据其绩效数据自动计算出合理的薪酬奖励。这种实时且明确的激励机制,让员工清晰地看到自己的努力与回报之间的直接关联,从而极大地激发了他们的工作积极性和主动性。

大数据分析和机器学习技术还能够实时监测市场薪酬动态和行业薪酬水平。通过分析市场上的薪酬数据,大数据分析技术能够为企业提供及时准确的薪酬调整建议。而机器学习算法则能预测未来薪酬趋势,帮助企业制定具有前瞻性的薪酬策略。当企业的薪酬水平在市场上具有竞争力时,能够吸引更多优秀人才加入,同时也能降低现有优秀员工的流失率,打造一支稳定且执行力强的团队。

然而,要成功实施"AI+薪酬"模式,企业也面临一些挑战。例如,如何确保数据的准确性和安全性,如何让员工理解和接受这种新的薪酬模式等。但只要企业能够合理规划,有效应对,"AI+薪酬"模式就能成为提升企业执行力、推动企业发展的有力武器。

"AI+薪酬"模式以其精准、灵活和个性化的特点,为企业引爆执行力提供了新的可能。在未来的竞争中,这一模式将在更多企业中得到应用和发展,为企业创造更大的价值。

07 离职管理：AI降低离职率

过高的离职率不但会致使企业人才外流，使招聘及培训成本大幅攀升，还会对团队的稳固性造成冲击，进而影响企业的持续发展。在科技日新月异的今天，AI成为解决这一难题的强效利器。

AI能够从以下三个维度降低离职率：

1. AI具备强大的数据分析能力

通过对员工的工作表现、工作满意度、职业发展规划等大量数据的收集与剖析，AI能够精确洞察员工的需求以及潜在的问题。

2. AI能在员工职业发展规划中发挥关键作用

AI能够依据员工在过往工作中展现出来的技能、兴趣以及职业目标，为员工精心定制个性化的职业发展路径，让员工清晰地看到自己在企业中的成长空间与未来前景。当员工深切感受到自己的职业发展得到重视与支持时，他们自然会更倾向于留在企业之中。

例如，一家金融企业凭借AI系统为员工规划职业发展路径，为员工提供了明晰的晋升通道与培训规划，极大地提升了员工的工作积极性与稳定性。

3. 由AI驱动的人力资源管理系统能够帮助HR达成高效的沟通与反馈

及时准确、有理有据的沟通与反馈对提升员工的工作满意度至关重要。AI能够凭借日常的数据标签积累以及智能聊天助手等工具，随时辅助HR为员工解惑答疑、提供协助,让员工体会到企业的关怀。同时,AI还能对员工的工作表现给予及时评估和反馈,助力HR督导员工持续改进并提升自身。

"以铜为镜,可以正衣冠;以古为镜,可以知兴替;以人为镜,可以明得失。"及时且准确的反馈恰似一面镜子,使员工明晰自身的长处与短处,从而更有效地提升自己。

综上所述,AI能够助力企业降低离职率、稳定人才队伍。企业应善用这一技术,将其与传统管理理念相结合,以更有效地留住人才,在激烈的市场竞争中立于不败之地。

08 舆情监控降低管理风险

数字化 HR 作为一种创新的人力资源管理模式,正以前所未有的力量激发着人力资源管理的效能。

在舆情监控方面,数字化 HR 可以借助数字技术获得全新的视角和手段,降低管理风险。在信息传播迅速的今天,员工的言论和对企业的评价很容易在网络上扩散。舆情监控系统能够实时收集和分析这些信息,帮助企业及时发现潜在的问题。

当企业作出重大决策或进行重大改革时,员工可能会在社交媒体或内部论坛上表达自己的看法。舆情监控可以捕捉到这些声音,让管理者了解员工的态度和情绪,从而提前采取措施进行沟通和疏导,避免因误解而引发管理风险。

对于企业内部可能出现的负面舆情,如员工对工作环境、薪酬福利的不满等,舆情监控系统能够及时预警。管理者可以迅速介入,解决问题,防止负面情绪蔓延,维护企业的良好形象和员工队伍的稳定。

例如,联通支付打造了日常舆情监控系统。该系统由客服团队全天候维护,通过微博、微信、新闻媒体、论坛等多个信息渠道对舆情进行全方位监测,确保舆情预警的及时性和准确性,从而有效防范舆论风险。

在 2022 年全国两会期间、3·15 国际消费者权益保护日等重要节点,联通支付提前筹划,线上组织召开媒体联盟交流会,与近 30 家公众媒体合作,共同构建具有强大公信力和广泛影响力的媒体矩阵。当品牌或业务面临负面舆情风险时,联通支付依托 7×24 小时系统预警+人工预警监测,能够迅速且全面地掌握舆情动态。

通过明确的信息上报机制、专人值班机制、应急处置机制以及跟进保障措施的执行,联通支付实现了在第一时间紧急处置、控制事态,妥善解决舆情问题。

为了充分发挥数字化 HR 和舆情监控的作用,企业需要建立完善的信息管理体系和数据分析团队。同时,企业也要注重保护员工的隐私和信息安全,确保舆情监控的合法性和合理性。

总之,舆情监控是企业不可忽视的安全护城河。做好舆情监控既可以降低企业管理风险,又可以提升人力资源管理的效能,为企业的可持续发展提供有力保障。

09　大众汽车：建立 VR 门户，提供 VR 培训

在 AI 赋能数字化培训方面，一些全球化企业进行了积极探索，值得其他企业参考。

以大众汽车为例，其基于前瞻性的视野和勇于创新的精神，在汽车行业中率先建立了 VR 门户，并提供了极具创新性的 VR 培训，为企业的发展和员工的成长注入了强大的动力。

大众汽车作为全球知名的汽车制造商，一直以来都致力于在技术和人才培养方面不断探索和突破。随着 VR 技术的逐渐成熟，大众汽车敏锐地捕捉到了这一技术在培训领域的巨大潜力。

大众汽车深知，在竞争激烈的市场中，拥有高素质、技能娴熟的员工队伍是企业成功的关键。为了实现这一目标，大众汽车积极引入 VR 技术，建立了专属的 VR 门户，为员工提供了全新的培训方式。

大众汽车早在 2017 年就已部署"Volkswagen Digital Reality Hub Group"（大众数字现实中心平台）VR 平台，旨在促进奥迪、西亚特、斯柯达和大众等品牌员工间的协作。随后，大众汽车深化了对 VR 技术的应用。特别是在 2018 年，大众汽车与 VR 工作室 Innoactive（英诺阿克蒂夫）携手，开发了超过 30 个 VR 模拟培训体验，旨在为 1 万名员工提供生产和后勤方面的专业培训。

大众汽车高度认可 VR 技术所带来的前所未有的便捷性，这是传统通信方

式所难以企及的。VR技术使身处不同地区的员工,如大众总部沃尔夫斯堡的员工与捷克物流办公室的员工,得以在虚拟空间中相聚,共同交流。

此外,大众汽车还将VR培训应用于具体工作场景。例如,大众商用车公司与VR触觉手套方案商SenseGlove(森斯格洛)合作,在VR装配培训中引入了后者的VR力反馈手套Nova。在组装大众T6车门的培训中,学员通过佩戴VR力反馈手套,能够亲身体验车辆的虚拟零部件,并以自然的方式与之互动。这不仅增强了VR模拟的真实性,还有效避免了现场培训中可能导致的车辆意外损坏。

通过构建VR门户并提供VR培训,大众汽车使员工能够更深入地了解工作流程,提升专业技能。相较于传统培训方式,VR培训凭借模拟逼真的训练场景、高沉浸感、趣味性和高效率等特点,使员工能在安全环境中反复练习,且不受地理位置限制,可远程参与培训并获得实时指导。

大众汽车的VR培训并非一蹴而就,而是经过了精心的设计和不断的优化。在开发过程中,专业的培训师与技术团队紧密合作,根据实际工作需求和员工的反馈,不断完善培训内容和场景。

例如,在最初的汽车内饰装配培训中,员工反映某些操作步骤不够清晰。技术团队随即对VR场景进行了改进,增加了操作提示和动画演示,使培训更易于理解和掌握。

通过建立VR门户,为员工提供VR培训,大众汽车在提升员工技能水平、提高生产效率、降低培训成本等方面取得了显著的成效,不仅在激烈的市场竞争中赢得了优势,也为整个汽车行业树立了典范。

10　腾讯乐享：一站式的企业社区

在当今时代,企业仅依靠有竞争力的薪资和完善的培训晋升体系,似乎还不足以脱颖而出、受到年轻人的青睐。为了进一步增强市场竞争力,企业还需要打造欢乐的企业文化和一个充满活力的员工社区。这样的环境能够吸引众多优秀年轻人加入。而为了实现这一目标,数字化平台的支持变得至关重要。在众多选择中,腾讯乐享无疑是一个理想的选择。

腾讯乐享是一个凝聚了腾讯 10 年经验的智能化组织学习协作平台,也可以说是一站式的企业社区。它具有知识库、问答、课堂、考试、培训、投票和论坛等核心应用,适用于学习培训、企业文化建设、知识管理等场景,能够为员工提供更优质的互动体验。它帮助企业打造更高效的协作和文化落地环境,目前已为超过 30 万家企业构建了个性化的数字空间。

2024 年 4 月 23 日,腾讯云官方微博宣布,腾讯乐享等腾讯协作 SaaS 产品已全面接入腾讯混元大模型。这些产品服务的客户包括宜家中国、VIPKID(掌门少儿)、德邦物流、云米电器、贝壳找房、卓健科技、史丹利百得等知名企业。

产品官网中列举了腾讯乐享的诸多优势,列举如下:

(1)组织沟通扁平化,企业文化可落地。乐享平台通过社区机制,有效缩小企业内部跨层级的信息鸿沟,提高反馈透明度,并鼓励员工与企业共同创造文化。

(2)流程管理数字化,趣味培训更系统。乐享平台提供趣味性的闯关设计,并通过进度追踪使培训效果可视化,实现系统化的培训闭环。

(3)知识管理社区化,打造学习型企业。在乐享平台上,企业可以建立自己的组织知识库,连接知识与人,沉淀经验,让知识赋能业务。

(4)个性化运营指导,客服贴心服务。腾讯乐享结合腾讯12年的运营经验,不仅提供产品,还提供有针对性的运营指南。

(5)腾讯技术支撑,全方位安全护航。依托腾讯的技术领先优势,通过ISO 27001信息安全管理认证,确保安全防护无死角。

(6)无须开发下载,即开即用性价比高。作为一款SaaS产品,腾讯乐享节省了开发成本,用户可以一键开通,实现手机、电脑等多终端的便捷使用。

第八章 智能决策：决策精准才能管理到位

在复杂多变的商业环境中，只有实现精准决策，才能确保管理到位。而精准的决策意味着对海量数据的精确分析、对市场趋势的敏锐洞察及对风险的有效把控，这恰恰是 AI 所擅长的。借助 AI，企业可以优化资源配置，提高运营效率，实现智能决策，提高竞争力，从而在激烈的市场中站稳脚跟，实现可持续发展。

01 AI 决策是否比人工决策更高明

在现代企业管理领域，AI 的运用越来越广泛，其决策能力是否超越了人类专家，成为业界热议的话题。

AI 能够在瞬间处理海量的信息，从庞大的数据库中挖掘出有价值的模式和趋势。例如，在市场预测方面，AI 可以整合多个数据源，包括销售数据、消费者行为数据和宏观经济指标等，从而给出比人工更精准的市场需求预测。

AI 决策还具有高度的一致性和客观性，不受人类情感、偏见和疲劳等因素的干扰。在进行风险评估和信贷审批时，AI 依据既定的算法和模型，对每个客户进行平等、公正的评估，避免了人为的主观判断和可能的利益冲突，从而降低了决策失误的风险。

然而，人工决策在企业管理中也有着不可替代的地位。人类管理者凭借多年的经验和直觉，能够在复杂多变的商业环境中迅速判断。这种直觉往往是基于长期积累的隐性知识和对行业的深刻理解，AI 难以模拟。例如，在应对突发的公关危机时，人工决策能够综合考虑企业的价值观、社会舆论和长远利益，采取灵活而恰当的应对策略。

此外，人工决策在处理涉及伦理道德和社会责任的问题时更具优势。企业在作决策时，不仅要考虑经济利益，还要考虑对员工、社区和环境的影响。人类的道德判断和社会责任感在这些决策中发挥着关键作用。

实际上，在企业管理中，AI决策和人工决策并非相互排斥，而是相辅相成的关系。在一些重复性高、规则明确的决策中，如库存管理和订单处理，AI决策能够发挥高效准确的优势。而在需要战略规划、创新思维和人文关怀的领域，人工决策则更合适。

在各行各业中，具备数字化优势的电商行业是比较早引入AI决策的排头兵。例如，某大型电商企业在进行商品推荐决策时，充分结合了AI决策和人工决策。

AI可以根据该企业用户近期浏览的服装风格，预测用户可能感兴趣的类似款式并进行推荐。而专业的市场营销团队会根据特定的营销目标和市场趋势，进行人工干预和调整。例如，在重要节日或促销活动期间，人工决策可以确定主推的商品品类和品牌，以配合整体营销策略。此外，人工还会对AI推荐的结果进行评估和优化。他们凭借丰富的经验和对市场的深入理解，判断某些推荐是否符合实际情况或是否存在潜在问题。

因此，在企业管理中，AI和人工合作是提升决策效率和质量的最佳途径。企业可以借助AI优化数据处理和分析环节，而在战略制定和人际沟通等方面，则可以结合人类决策者的智慧和经验，实现优势互补，推动管理水平提升。

02 精准解码战略，你也是战略家

战略解码这一概念在当今企业管理中占据举足轻重的地位。它实质上是将企业宏大的战略目标转化为具体可行的行动计划的关键过程。在这个复杂且充满挑战的过程中，企业需要对整体战略进行细致的分解，使其不再是遥不可及的宏观愿景，而是能够落地生根、切实执行的具体步骤。通过明确每一个阶段、每一个部门乃至每一名员工的行动计划，企业能够显著提高执行效率和组织协调能力。

战略解码能够增强企业对环境变化的适应能力。在当今快速变化的商业世界中，市场需求、竞争对手、政策法规等因素都在不断变化。如果企业不能及时调整战略和行动计划，就很容易被市场淘汰。通过战略解码，企业可以建立起一套灵活的机制，迅速感知外部环境的变化，并及时对行动计划进行调整和优化，确保始终沿着正确的方向前进。

而 AI 的加入，则为企业的战略解码带来了革命性的变化，使企业能够更加精准地规划和决策。AI 凭借其强大的数据处理能力和深度学习算法，可以对海量的内外部数据，包括市场趋势、消费者行为、竞争对手动态等，进行快速挖掘和分析。基于对数据的深度洞察，AI 能够帮助企业更准确地把握市场的脉搏，发现潜在的机会和威胁，从而为战略解码提供更加精准的依据。

例如，基于机器学习的预测分析技术可以根据历史销售数据和市场趋势，预测未来的产品需求,从而帮助企业更合理地安排生产计划和资源配置;文本分析和自然语言处理技术可以分析竞争对手的营销策略和市场表现,为企业制定差异化的竞争策略提供参考;基于强化学习的模拟与优化技术能够模拟不同的战略方案在各种市场环境下的效果,帮助企业选择最优的战略路径。

在组织协调方面,AI 项目管理工具可以实时跟踪行动计划的执行情况,及时发现问题和偏差,并自动发出预警。这使得企业能够迅速采取纠正措施,确保各项任务按时、高质量地完成。同时,这些工具还可以促进不同部门之间的信息共享和协同工作,打破部门壁垒,提高组织的整体运行效率。

例如,这几年如日中天的理想汽车在快速发展过程中,运用 OKR、飞书等智能化管理工具,实现高效的市场响应与项目协同。其瞄准消费者需求开发的理想 ONE、L 系列产品,一经上市就刷新国产新势力车企的销量排行榜,并通过高效率的资源配置实现产能快速提升。

总之,战略解码是企业实现战略目标的必经之路,而 AI 的融入则为这一过程注入了强大的动力,提升了其精准度。

03 资源分配决策：可信赖的"脑"

AI凭借其强大的数据处理能力和先进的算法，能够快速整合和分析海量数据。以企业资源分配决策为例，传统的人工决策往往受到信息不全、主观偏见和有限认知能力的限制。而AI可以在短时间内处理大量的业务数据，如市场需求、生产能力、库存水平等，从而精准地制定资源分配方案，实现资源优化配置。

例如，一家跨国零售企业利用AI决策系统分析不同地区的消费者购买行为、市场趋势和供应链数据，实现了商品库存的精准分配。在销售旺季，该系统能够预测热门商品的需求增长，及时将资源调配到相应地区，从而避免了缺货现象，提高了客户满意度和销售额。

AI还能够实时监测和适应市场变化。市场环境是动态变化的，消费者需求、竞争对手策略、市场舆情、宏观经济因素等都在不断变化。AI可以24小时不间断地收集和分析数据，及时调整决策策略，以应对市场的变化。

为了确保AI决策的可靠性，数据质量和安全性至关重要。高质量、准确、完整的数据是AI作出正确决策的基础。企业需要建立严格的数据管理机制，确保数据的采集、存储、处理和传输过程的准确性和安全性。

同时，算法的透明度和可解释性也是保障决策可靠性的关键。企业需要了解AI的决策逻辑和依据，以便在出现问题时能够进行追溯和调整。此外，建立有效的监控和评估机制，定期对 AI 的决策效果进行评估和验证，及时发现并纠正决策偏差，也是保障 AI 决策可靠性的重要措施。

尽管 AI 在决策方面具有诸多优势，但人类的智慧和经验在管理中仍然不可或缺。人类具有独特的创造力、判断力、同理心和道德观念，能够处理复杂的人际关系和非结构化问题。因此，在企业管理与资源分配中，应实现人机协作，充分发挥 AI 与人类智慧的协同效应。

例如，在企业战略规划中，AI 可以提供数据支持和分析报告，帮助管理者了解市场趋势和竞争态势。而管理者则可以基于自己的经验、洞察力和战略眼光，制订出符合企业长期发展目标的战略规划与资源投入计划。

在未来，AI 作为可信赖的"脑"，将在企业管理与决策中发挥越来越重要的作用。通过充分发挥其优势，保障决策的可靠性，并实现人机协作，企业将更好地应对市场挑战，实现可持续发展。

04 发挥数据在决策中的价值

数据在决策中的价值不言而喻。准确、全面、及时的数据能够帮助决策者清晰地了解市场动态、客户需求、企业运营状况等,从而制定出更加科学、合理、有效的决策。

传统的数据处理和分析方法往往存在效率低下、准确性不高、难以发现数据中的潜在规律和趋势等问题,限制了数据在决策中的价值发挥。而 AI 技术的出现,为解决这些问题提供了新的思路和方法。

1. 快速处理和分析海量数据

AI 能够通过快速处理和分析海量数据,发现潜在的模式、关系和趋势。例如,深度学习算法可以对图像、语音、文本等非结构化数据进行处理和分析,挖掘出其中的有价值信息,为决策提供更加全面、深入的依据。

2. 实现智能化的决策支持

通过将数据挖掘、分析的结果与决策模型相结合,AI 可以为决策者提供更周全、多元化的决策建议和方案,帮助决策者在复杂的环境中快速作出准确的决策。

3. 实现数据的实时监测和动态分析

借助物联网技术和传感器,工贸一体化的企业可以实时收集生产设备、物流运输、销售终端等的数据,AI 可以对这些实时数据进行分析和处理,及时发现问题和异常,为企业的运营管理和决策提供实时的支持。

通过数据埋点与流量标签路径识别,数字营销类企业可以利用 AI 实时收集消费者与广告渠道及素材的互动情况,为广告客户提供更科学的投流参考。

例如,某科技集团作为一家融合兴趣社交、电子竞技、人工智能的创新科技企业,成功推出了"多模态 AI 数据应用一站式管理平台",旨在通过数据与 AIGC 技术,为广告主提供高效投放和优化决策的一站式广告营销解决方案。

该平台运用 AI 推荐技术和有效信息差优势,结合基于机器学习的智能算法,精确挖掘增长机会,智能分析广告创意元素和数据维度,为不同用户群体推荐适宜的创意内容,实现个性化营销。目前,该平台客户数量持续增长,助力主要客户营销推广效率提升 120%。

综上所述,通过数据驱动决策、利用 AI 技术挖掘数据价值以及实现智能决策,企业能够更加敏锐地洞察市场变化,及时调整发展策略,在市场竞争中占据优势地位。

05 借助 AI 找到决策点

古往今来,很多仁人志士凭借智慧与经验在决策的舞台上留下了浓墨重彩的篇章。三国时期,诸葛亮以其卓越的智慧和对局势的精准判断,作出了诸多影响历史走向的决策,如"隆中对"中对天下三分局势的擘画,为刘备集团的发展奠定了基础;孙权在面对曹操大军压境时,果敢地作出联刘抗曹的决策,于赤壁之战中大败曹军,奠定了三国鼎立的局面。这些决策,无一不是在充分分析局势、权衡利弊后的明智之举。

然而,时代在发展,社会在进步,管理者所面临的问题日益复杂多变,传统的决策方式在面对海量数据和复杂环境时显得力不从心。AI 的出现为管理者打开了一扇新的大门,能够帮助管理者快速找到决策点,作出科学合理的决策。

首先,数据收集与整合是借助 AI 找到决策点的基础。企业日常运营会产生海量数据,涵盖客户信息、销售数据以及市场动态等诸多方面。AI 具备高效收集这些数据的能力,并且能将来自不同渠道、不同格式的数据加以整合。例如,智能数据采集软件可以把线上与线下的销售数据汇集到统一的数据仓库中。只有在具备全面且精准的数据基础之上,AI 才能展开深入分析,进而挖掘出极具价值的决策点。

其次,AI 能够进行深层次的数据分析。利用机器学习算法,AI 可以从庞杂的数据中探寻出隐匿的模式与趋势。例如,AI 可以对消费者的购买行为变化趋势进行分析，从而助力企业找到产品定位、定价等方面的决策点。如果发现消费者对环保型产品的关注度持续攀升，企业便可以考虑对产品线进行调整，加大环保产品研发与推广力度。而在供应链管理方面，AI能够依据历史数据预测需求的波动情况，企业据此可合理规划生产计划与库存管理，有效避免库存积压或者缺货现象发生。

再次，情景模拟是AI辅助决策的重要手段。企业面临多种可能的发展情景，AI可以构建复杂的模型对不同情景进行模拟。例如，在拓展新市场时，AI可以对不同的市场进入策略、竞争环境变化等多种情景进行模拟，评估在每种情景下企业可能面临的风险以及获得的收益。依据模拟结果，企业能够明确在哪些情景下成功概率较高，进而确定拓展新市场的决策点，如选择合适的地区、时机以及营销方式等。

最后，实时监测与反馈也是借助AI找到决策点的关键。市场环境瞬息万变，AI可以对企业运营的各个环节进行实时监测。当市场出现新的变化，如竞争对手推出新产品、政策法规进行调整等，AI能够迅速反应，并将这些信息反馈给企业决策层。企业则可以根据这些信息及时调整决策，抓住新的机遇或者规避潜在的风险。

当然，管理者也不能过度依赖AI而忽视自身的智慧和判断力。AI虽然强大，但它毕竟是人类智慧的产物，在决策过程中，管理者需要将AI的数据分析与自身的经验、价值观和道德观念相结合，这样才能作出既科学合理又符合人类利益的决策。

正如《荀子·劝学》中所言："君子生非异也，善假于物也。"管理者应善于借助AI这一强大的工具，让决策更加科学、高效、精准，引领企业走向更加美好的未来。

06　科学预判与精准决策的融合

AI 管理的引入,将科学预判与精准决策推向了一个全新的高度。它不仅是技术的结合,更是一种管理模式的创新。通过 AI 的先进算法和强大的数据处理能力,企业能够更深入地洞察市场动态、客户需求以及内部运营的各个环节。

在科学预判方面,AI 管理通过大数据分析、机器学习等技术手段,对海量数据进行深度挖掘,揭示出数据背后的规律和趋势。这种基于数据的预判方法,不仅提高了预测的准确性和可靠性,还能为企业提供前瞻性的战略指导。

而在精准决策方面,AI 管理通过智能分析和优化算法,为管理者提供了更加精确和高效的决策工具。它能够根据企业的实际情况和目标,自动推荐最优的决策方案,并预测方案实施后的效果。

例如,郑州商品交易所与星环科技携手构建了先进的 AI 预测模型,旨在优化并提升交易所在金融交易与风控过程中的智能决策能力。

星环科技基于其数据科学平台,充分利用机器学习及深度学习技术,成功为郑州商品交易所构建深度神经网络模型。该模型在三个关键场景中发挥了显著作用:一是风控措施辅助决策,通过精准的数据分析提升决策的科学性;二是识别交易异常行为,有效降低了潜在风险;三是支持套期保值额度审批,通过智能推荐系统优化审批流程。

对应这三个场景,星环科技还为郑州商品交易所打造了三个系统:风控措施辅助决策系统、异常交易识别系统和套期保值审批额度推荐系统。

在风控措施辅助决策的过程中,星环科技采用了基于 Seq2Seq 等机器学习模型的融合算法。该算法结合了历史措施调整情况和丰富的历史数据,成功构建了风控参数目标值与市场运行情况的精确关系模型。

在异常交易识别的实践中,星环科技构建了一个逆向强化学习模型。该模型通过运用全方位的统计分析和指标提取方法,结合当前市场行情的深入分析,对客户的报单/撤单、成交、盈利等核心交易特征进行详尽剖析。

在套期保值额度审批中,系统基于对业务细节的精确理解,针对不同场景和品种的大批量应用需求,成功构建了包括发现规则、配置指标、配置规则、计算指标以及执行规定等在内的核心流程。

通过实施这些策略,郑州商品交易所成功地将科学预判与精准决策相结合,显著增强了对市场风险的把控能力,并提高了决策的合理性与智能化水平。

AI 管理使得科学预判与精准决策更加紧密地结合在一起。它不仅提高了企业的管理水平和竞争力,还为企业的可持续发展提供了有力的保障。

07 管理决策的四种新形态

在当今瞬息万变的商业环境中,企业管理决策的方式和形态正经历着深刻的变革,新的决策形态不断涌现。企业管理决策有以下四种新形态:

1. 基于数据的精准决策

在当今的企业环境中,数据已不再是简单的数字堆砌,而是企业的宝贵资产。数据的潜在价值巨大,而人工智能技术的应用为企业提供了一把开启数据"金矿"的钥匙。通过数据挖掘技术,企业能够从繁杂的数据中提炼出有价值的洞察和信息。这些洞察和信息对企业的战略规划、运营管理和客户关系维护等方面都具有重要的指导意义。

2. 实时动态决策

企业只有具备快速响应和调整决策的能力,才能在激烈的市场竞争中立于不败之地。人工智能技术的应用,使得海量数据的实时收集、分析和处理成为可能,从而极大地提高了决策的及时性和灵活性。借助智能传感器、物联网和大数据技术,企业能够实时监控生产流程、供应链状态和市场动态,确保各项业务能够高效、有序地进行。

3. 群体智慧决策

"三个臭皮匠,顶个诸葛亮",集思广益、博采众长,才能汇聚智慧之光。

随着社交媒体和协作平台的广泛应用,企业可以充分利用这些平台收集员工、客户、合作伙伴和专家的意见和建议,实现群体智慧的汇聚和融合。AI 技术可以对这些分散的意见和观点进行有效的分析和整合,提取出有价值的信息和共识。

例如,企业可以通过内部协作平台发起关于新产品创意、业务流程优化或战略方向的讨论,让员工充分发表意见和建议。

4. 智能模拟决策

"凡事预则立,不预则废",未雨绸缪,提前模拟,才能决胜未来。

AI 技术可以通过建立虚拟模型和模拟环境,对不同的决策方案进行模拟和预测,帮助企业评估决策的潜在效果和风险。在新产品研发过程中,企业可以利用 AI 建立产品模型和市场模拟场景,模拟不同的产品设计、定价策略和市场推广方案在不同市场条件下的销售情况和盈利水平。通过对这些模拟结果的分析和比较,企业可以选择最优的决策方案,降低新产品研发的风险和成本。

综上所述,在 AI 时代,数据驱动决策、实时动态决策、群体智慧决策和智能模拟决策这四种新形态,如同企业管理决策的四驾马车,引领企业在复杂多变的市场环境中稳健前行。

08 机器交互克服"有限理性"障碍

机器交互,简单来说,是指人与机器之间进行信息交换和互动的过程。从我们日常使用的智能手机语音助手,到复杂工业生产线上的自动化控制系统,机器交互涵盖了诸多方面。在这些交互场景中,人们通过输入指令、语音、手势等多种方式与机器进行沟通,而机器则根据预设的程序和算法做出相应的反应,反馈给人们所需的信息或者执行特定的操作。

1955年,赫伯特·西蒙提出管理决策中的"有限理性"的概念。"有限理性"是指人类在决策过程中,由于受到认知能力、信息获取和处理能力的限制以及时间等因素的影响,往往无法作出完全理性的决策。人们通常会基于简化的规则、经验和直觉来进行判断,而不是对所有的可能性和信息进行全面的分析。有限理性在很多情况下会导致决策结果并非最优,甚至可能出现偏差和失误。

针对这一问题,我国人工智能企业"第四范式"打造了先知决策系统,致力于打破自然人的有限理性,使决策不再受制于人脑的认知局限。机器交互是第四范式先知决策系统中一项极具开创性的设计,对于突破人脑思维的有限理性发挥着至关重要的作用。

为了更清晰地阐释这一观点,我们不妨进行一个假设性的探讨。假如由机器来承担牛顿的工作,其方式与结果将会与牛顿本人的工作大相径庭。在研究力学规律时,机器不会满足于仅仅归纳出三条定律,而是会基于细致的逻辑和强大的计算能力,在每一个速度区间内进一步细分,将速度范围划分为一到十、十到二十一等诸如此类的区间,并且这种区间的划分数量可能高达数千万。对于每一个细分区间,机器都会总结出三条定律。

这样基于速度区间的精细划分,能够确保在各种不同的速度条件下,所得出的规律都能精准适用,从而避免出现在高速情况下牛顿定律无法适用的现象。并且,只要有需求和足够的计算资源,机器有可能最终总结出 3000 万条甚至 3 亿条定律。

然而,这样的事情对于人类而言是难以实现的。倘若牛顿总结出 3000 条定律,对于大多数人来说,理论的复杂程度会使其失去吸引力和可读性,从而无人愿意深入研读。但是,在机器的世界中,这种情况则截然不同。A 机器向 B 机器传递 3 亿条规律不会存在障碍,B 机器能够在瞬间接收并存储这些信息。

这种现象正是机器交互所独有的特征。我们必须认识到,有限理性对于自然人的决策过程有着显著的影响。人类在处理信息、分析问题和制定决策时,由于受到认知能力、知识储备、时间、精力以及情感等多个因素的限制,往往难以实现完全理性的决策。

然而,在机器交互的环境中,情况则发生了根本性的变化。在这里,有限理性的概念不再适用,机器之间的交互遵循的是极限理性的规律。它们能够以极高的效率处理和传递海量的信息,并基于此进行精确而全面的分析与决策,几乎不受传统意义上的有限理性因素的制约。

综上所述,机器交互的出现与发展,为企业管理打破有限理性的束缚提供了新的可能与途径,为信息处理和决策制定等领域带来了前所未有的变革,也为人类探索更加高效、智能的信息处理与决策模式开辟了广阔的前景。

09　谷歌：让 AI 成为决策者的"好搭档"

《孙子兵法》有云："夫未战而庙算胜者，得算多也；未战而庙算不胜者，得算少也。多算胜，少算不胜，而况于无算乎!"决策前的筹划与计算，是取得胜利的基础。

在数字化时代，谷歌（Google）凭借其在 AI 技术领域的深厚积累和创新实践，让 AI 成为决策者的"好搭档"，为企业管理决策带来了全新的变革与机遇。

在广告投放方面，过去广告投放决策主要依赖于人工经验和有限的数据洞察。然而，随着 AI 技术的融入，Google 的广告平台发生了革命性的变化。通过使用机器学习算法，Google 能够分析海量的用户数据，包括搜索历史、浏览行为、地理位置等，以实现精准的广告定位和投放决策。

在内容推荐方面，Google 的搜索引擎和旗下的诸多应用，如 YouTube 等，都借助 AI 来优化内容推荐决策。YouTube 利用深度学习算法，根据用户的观看历史、点赞、评论和分享等行为数据，为用户推荐个性化的视频内容。数据显示，个性化推荐使得用户在平台上的停留时间平均增加了 40%，用户的参与度和满意度大幅提升。

此外，Google 在供应链管理决策中也成功应用了 AI 技术。通过对销售数据、库存水平、供应商信息和市场趋势的综合分析，AI 能够帮助决策者制订更加合理的采购计划、库存管理策略和物流配送方案。

Google 的图像识别和语音识别技术同样为决策提供了有力支持。在图像识别领域，Google 的技术可以帮助企业快速识别和分析大量的图像数据，如在制造业中用于产品质量检测、在零售行业中用于商品库存盘点等。语音识别技术则使得语音指令和交互成为可能，为决策者提供更加便捷和高效的信息获取方式。

Google 作为全球知名的人工智能领军企业，通过不断探索和创新 AI 技术的应用，使其成为决策者的"好搭档"。而在国内，以百度、阿里巴巴、腾讯为代表的科技巨头，也在人工智能领域阔步向前，用产品与技术向我们佐证——在数据驱动决策的时代，AI 不仅提高了决策的准确性和效率，还为企业创造了更多的价值和竞争优势。

第九章 工作自动化：办公进入升级阶段

随着科技的飞速发展，工作自动化已成为不可阻挡的趋势，推动办公领域进入全新的升级阶段。以往，大量烦琐的任务依赖人工处理，不仅效率低下，还容易出错。如今，自动化技术重塑着办公的形态，渗透工作的方方面面。

第九章 工作自动化：办公进入升级阶段

01 从智能算法到自动化流程

在工业自动化方面，智能算法发挥着重要的作用。例如，机器学习算法可以用于预测设备故障，提前进行维护，减少停机时间；优化算法能够优化生产流程，提高生产效率和资源利用率。

在自动化流程方面，从原材料的供应、加工制造到产品的包装和运输，各个环节都可以逐步实现自动化。传感器、控制系统和机器人等技术的集成，使得数字化工厂实现了生产过程的精确控制和高效运作。

为了提升生产力，吉利汽车积极推进生产数字化转型，从多方面升级自己的业务模式，这主要体现在以下三个方面：

1. 通过外部合作，实现数字化生产

吉利汽车与阿里巴巴合作，引入 ET 工业大脑。阿里云在发布 ET 工业大脑时，提出要让生产线上的机器都变得自动化、智能化。此后，ET 工业大脑不断升级，以适应技术与时代的进步。ET 工业大脑在多个方面发挥作用，包括生产工艺改良、生产流程的数据化控制、设备故障预测、生产线的升级换代等，能够助力吉利汽车实现数字化生产。

如今，云计算、人工智能等技术越来越多地应用于生产过程中。企业可以借助这些技术更精准地把握市场需求，降低研发成本。吉利汽车充分利用技术，通过优化生产流程促进生产效率提升。此外，吉利汽车还借助 5G 改革生产网络，为工作人员配备5G智能设备。

为了打造更受用户喜爱的个性化产品，为用户提供更优质的服务，吉利汽车与阿里云还在供应链、车联网、用户管理等领域达成合作。在各种技术的助力下，吉利汽车致力于让自己变身为具有创新、协同等特点的新型汽车企业。

2. 业务数据在线化、在线业务数据化

吉利汽车通过一系列活动获取了用户线索类与兴趣类资料，这不仅加深了其与用户之间的联系，也为其制定下一步发展战略提供了科学的依据。与此同时，吉利汽车还进行全链路的数字化运营，以达到实时获取动态信息的目的。在供应链管理方面，吉利汽车通过实现从订单到运输的紧密融合，取得了业务数据在线化、在线业务数据化的重大突破，业务分析效率也因此得到了很大提升。

3. 仿真模拟测试，提升用户体验

吉利汽车还利用基于AI的仿真模拟测试提升用户体验。现在的用户选购汽车等大型产品时更重视安全性和售后服务质量，而这些都需要用户亲自体验。为了获得用户的信任，吉利汽车在打造品牌口碑上不遗余力，一直在积极探索新策略。

要想获得用户的认可，最重要的还是"用产品说话"。吉利汽车的汽车质量保障来源于无数次测试，其中最具代表性的就是模拟仿真测试——借助计算机AI辅助工程软件对汽车的驾驶情况进行模拟测试。吉利汽车通过多次测试与总结不断优化产品，为用户带来更舒适的驾驶体验，并在结构设计与车型质量上给予用户更安全、更可靠的保障。

02 营销部门:AI 设计宣传与推广方案

在泛营销领域,随着 AI 技术特别是内容生成式 AI 的不断发展,越来越多的企业将其应用于市场营销方面,以设计出更具创新性和有效性的宣传与推广方案。

现在,AI 已经可以通过对大量客户数据的分析,精准地描绘出目标客户的画像,包括他们的兴趣、消费习惯、购买行为等,为制定个性化的营销方案提供依据。例如,电商企业可以利用机器学习算法预测客户的购买意愿,实现精准营销推送。

在宣传内容创作方面,AI 能够生成吸引人的文案、广告语和设计元素。自然语言处理技术可以帮助企业创作富有情感的文章和社交媒体帖子,图像识别和生成技术能够帮助企业快速制作出精美的海报、视频等宣传素材。

例如,可口可乐将 AI 算法、3D 建模与实景拍摄完美融合,聚焦"Real Magic"这一创意主题,发布了一则短片。短片通过现实与虚拟世界的无缝交融,巧妙利用可口可乐瓶作为桥梁,带领观众开启了一段奇幻的博物馆探索之旅。并且,该短片融入了一些杰出的艺术作品,不仅展现了广告片的趣味性,更凸显了其深厚的艺术底蕴和独特的艺术风格。

AI 还可以优化营销渠道的选择和投放策略。通过实时监测和分析不同渠道的效果数据,AI 可以智能地分配营销预算,提高资源利用效率。例如,现在一些数字广告服务商的AI广告投放系统可以帮助企业确定在哪个时间段、哪个平台投放广告能够获得最大的曝光和转化。

此外，AI驱动的聊天机器人可以提供7×24小时的客户服务，及时回答客户的咨询，极大地提升了客户体验和满意度。

总之，AI为营销部门带来了全新的营销可能性和创新空间。通过合理利用AI技术，企业能够更精准地触达目标受众，创造更优质的内容，制定更有效的推广策略，从而在激烈的市场竞争中脱颖而出。

03 销售部门：系统自动编辑销售用语

在销售领域，AI 可以通过对大量销售数据、客户反馈和成功案例进行学习和分析，理解不同产品或服务的特点、优势以及客户的常见需求和痛点。基于此，AI 可以生成有针对性的销售用语。在销售用语编辑中应用 AI 技术的优势主要有以下四点：

1. 提高效率

AI 能够结合营销素材库快速生成大量符合情境的销售用语，节省了人工编写所需的时间和精力。这使销售团队能够更迅速地获得丰富的用语内容，快速投入销售工作，提升整体工作效率。特别是对人员流动性比较大的销售团队来说，AI 可以缩短员工培训时间、降低工作上手难度。

2. 个性化定制

基于对客户数据的深入分析，AI 可以生成针对不同客户群体、个体特征和购买阶段的个性化用语。个性化定制的用语能够更好地契合客户的特点和特定需求，提高销售的针对性和成功率。

例如，某在线教育机构运用先进的 AI 技术，根据学员的学习需求、课程偏好以及消费能力，为课程顾问精准地生成销售用语，以确保服务的高效性和个性化。对于有明确职业晋升需求的学员，AI 生成的用语会着重介绍课程对职业发展的帮助；对价格敏感的学员，则会强调课程的性价比和优惠力度。

3. 保持一致性

AI 系统能够确保销售团队在与客户沟通时使用统一、准确和规范的语言，传递一致的品牌形象和价值主张。

例如，某软件公司借助 AI 技术对潜在客户的行业、公司规模和业务需求进行分析，为销售人员提供有针对性的开场白和产品功能介绍用语。这使得销售人员能够避免受个人喜好与表达习惯干扰，更精准地与客户沟通，缩短销售周期。

4. 适应市场变化

市场环境和客户需求不断变化，AI 系统可以根据新的情况迅速调整用语，帮助销售团队与时俱进，灵活应对各种销售场景。

然而，在使用 AI 系统自动编辑销售用语时，也存在一些挑战和需要注意的问题。例如，AI 生成的话术可能缺乏人性化的情感和灵活性，需要销售人员根据实际情况进行适当调整和优化。

04 公关部门：设计公关方案

企业的公关部门承担着塑造品牌形象、维护公众关系的重要使命。如今，随着生成 AI 的发展，一些企业尝试让其在公关领域发挥作用，尤其是在设计公关方案方面已经有了一定的应用。

在数据处理方面，AI 具有卓越的能力。例如，机器学习和大数据分析技术能够迅速搜集并分析大量信息，涵盖市场趋势、消费者意见、竞争对手动态等关键数据。传统上，公关部门在设计公关方案之前，需要投入大量人力和时间来整理这些信息。而 AI 能够在极短的时间内完成这些任务，并提供更为精确的分析结果。通过深入挖掘这些数据，公关人员能够更清晰地把握公众的关注焦点和需求，从而使公关方案更加精准。

在受众分析方面，AI 同样表现出色。例如，聚类与分类算法能够根据不同的维度对受众进行细致的分类，包括年龄、性别、地域、兴趣爱好等。基于细致的分类，公关部门能够设计出更加贴合受众需求的公关方案。例如，针对年轻群体，可以采取更时尚、更具创意的传播策略；针对特定地域的受众，则可以结合当地文化特色来策划公关活动。AI 的应用使得公关方案的设计能够精准地满足不同受众群体的偏好，从而提升公关活动的整体效果。

在内容创作方面，AI 可以辅助生成公关文案，如新闻稿、社交媒体帖子等。例如，文本生成模型能够根据设定的主题和关键词，提供创意和思路，甚至直接生成初稿,提高创作效率。

  一家大型零售企业借助 AI 辅助内容创作。在新品发布活动中,该企业使用 AI 工具生成初步的新闻稿、社交媒体文案和宣传海报文案。AI 根据产品特点、目标受众和市场趋势提供创意和框架,然后由公关团队的专业人员进行修改和完善,大大提高了内容创作的效率,确保了信息的准确传达和吸引力。

  在舆情监测方面,AI 的作用更是不可忽视。当危机事件发生时,时间就是金钱。情感分析和实时监测技术可以迅速监测到负面信息,分析其传播趋势和影响范围。基于这些分析,公关部门可以快速制定应对策略,及时发布准确的信息,防止负面舆情进一步扩散。

  例如,一家汽车制造企业在危机公关中使用 AI 进行模拟演练和策略优化。针对产品质量问题这一潜在危机,该企业利用 AI 模拟不同的应对方案在社交媒体和公众舆论中可能引起的反应。根据模拟结果,公关团队选择了最优的应对策略,提前准备好相关的声明和沟通材料,从而在危机实际发生时能够迅速、有效地回应,减轻了对品牌形象的损害。

  在未来,随着社交媒体、传统媒体、线上线下活动等多种公关渠道的不断丰富与交织,AI 将更好地整合和协同这些渠道,实现全方位、一体化的公关传播。

05　客服部门：节日祝福模板与发送提醒

在数字化和信息化的时代，企业与客户之间的远程沟通和在线互动变得越发重要。客服部门作为企业与客户直接接触的桥梁，承担着维护良好客户关系的重要责任。

对于节日，人们往往充满喜悦和期待。在这样的特殊日子里，收到一份来自企业的温馨祝福，会让客户感到格外温暖，从而增强对企业的好感和忠诚度。然而，传统的人工编写节日祝福不仅耗时费力，而且难以做到个性化和大规模发送。AI的出现有效地解决了这些问题。

通过自然语言处理和机器学习技术，AI能够分析大量的节日祝福文本，提取其中的关键元素和情感色彩，从而生成多样化、富有创意且贴合节日氛围的祝福模板。这些模板涵盖各种节日，如春节、端午节、中秋节等，还能根据不同的行业和客户群体进行定制化调整。

除了单纯的祝福，AI还可以在节日提醒中融入相关的促销活动、会员福利等信息，实现营销与关怀的有机结合。这不仅能够提升客户的参与度和购买意愿，还能为企业带来实际的经济效益。

例如，对于电商企业的客户，AI生成的祝福模板中会包含购物优惠、新品推荐等信息；对于金融服务企业的客户，AI生成的祝福模板中会包含财富管理、投资建议等信息。此外，AI还可以根据客户的个人信息、购买历史和偏好等数据,实现祝福内容的个性化定制,让每一位客户都能感受到专属的关怀与温暖。

在发送提醒方面,AI 同样发挥着重要作用。客服部门可以提前设定好发送时间和条件,确保节日祝福在合适的时机发送给客户。同时,AI 还能够根据客户的反馈和互动情况,智能调整发送策略,提高祝福的效果和客户的响应率。

企业在利用 AI 制定节日祝福模板与发送提醒的过程中,也需要注意一些问题。首先,企业要确保祝福内容的真实性和情感性,避免过于机械和生硬的表达;其次,要尊重客户的隐私和个人偏好,对于不希望接收此类信息的客户,要提供便捷的取消渠道。最后,要不断对 AI 系统进行优化和更新,以适应节日文化和客户需求的变化。

总之,客服部门利用 AI 制作节日祝福模板与发送提醒是一种创新且有效的客户关系管理手段,不仅能够提升客户的满意度和忠诚度,还能助力企业树立良好的品牌形象,在激烈的市场竞争中赢得优势。

06 人力资源部:借助 AI 检测员工工作进度

AI 不仅可以洞察数据,更可以实时分析监控视频画面中人物的状态。基于此,人力资源部可以借助 AI 检测员工工作进度,精准地把握员工的工作状态与效率,从而进一步优化人力资源配置与管理策略。以下是 AI 在员工工作进度检测方面的一些常见应用:

1. 实时监控与数据分析

AI 可以实时监控员工的工作进度,包括工作时间、工作量、工作质量等,确保项目按计划进行。通过实时数据反馈,企业可以及时发现异常情况,如进度滞后或工作效率下降,从而采取相应措施进行调整。

AI 还能够收集和分析员工的工作数据,通过机器学习算法进行模式识别和趋势预测。这为人力资源决策提供有力支持,帮助企业优化资源配置和制订更合理的工作计划。

2. 自动化处理与预警

AI 可以自动处理大量的日常事务性工作,如任务分配、进度跟踪和报告生成等。这不仅减轻了人力资源部的工作压力,还提高了工作效率和准确性。

基于实时数据和预测分析,AI 可以构建预警系统,当员工工作进度出现偏差或即将达到临界点时,及时发出预警,提醒相关人员采取措施加以应对。例如,某员工的项目进度落后于计划进度,系统会向该员工和项目经理发送预警通知。同时，系统还会提供一些建议，帮助员工解决问题、提高工作效率。

3. 可视化展示

AI具备构建直观界面的能力，能够向管理者清晰展示每位员工的任务完成状况、项目进展及工作效率等关键指标。同时，AI能自动化地生成详尽报告，助力管理者进行更深层次的洞察与分析。

4. 视频分析

在一些需要视频记录的工作场景中（如某些操作流程、面试等），AI视频分析技术可以评估员工的表现和工作进度。通过对视频内容的深度分析，AI能够识别出员工在工作中的亮点与不足，为管理者提供直观、全面的反馈。

5. 聊天机器人

员工可通过与智能聊天机器人进行便捷互动，随时查询自己的任务进度或报告工作进展。这不仅提高了信息交流的效率，还为员工提供了一种更加自主、灵活的工作方式。

6. 绩效评估

在年终总结或季度考核之际，AI能够依据员工全年累积的工作数据，智能生成一份全面的绩效报告。此报告不仅涵盖了员工的工作量、工作质量等指标，还深入剖析了员工的成长轨迹与潜力评估，为人力资源部提供了更立体、公正的员工表现评价依据。

然而，人力资源部在使用AI检测员工工作进度时，也需要注意一些问题，如确保数据的准确性和安全性，以及避免对员工过度监控或侵犯员工隐私。同时，AI只是辅助工具，不能完全取代人类的判断和管理。在实际应用中，管理者应结合人性化的管理方式，充分发挥AI的优势，提高管理效率和员工的工作体验。

07　AI、RPA 与 Agent：实现企业降本增效

AI、RPA 与 Agent（智能体）结合，能够助力企业打造优势，实现降本增效。下面详细讲述三者的特点：

1. AI

AI 以其卓越的能力，通过模拟人类智能，在各种领域中出色地执行任务，如自然语言处理、图像识别、预测分析等。AI 还能迅速且高效地处理庞大数据量，同时提供准确无误的预测和决策支持，这无疑极大地提升了业务运行效率与质量。

例如，在客户服务领域，AI 的融入为服务自动化带来了革命性的变革。智能聊天机器人能够以惊人的速度和准确性，对客户的常见问题迅速回应。这不仅极大地提升了客户满意度，使得客户享受到更为便捷和高效的服务。

2. RPA

RPA 是一种先进的软件技术，旨在自动化执行重复性且遵循既定规则的任务，包括但不限于数据录入、文件处理及流程审批等。RPA 具备在不干扰现有系统架构的前提下，实现快速部署及与其他系统高效集成的能力，从而显著提升工作效率和数据处理准确性，并有效减少人为错误的发生。

3. Agent

Agent 是一种具有自主决策和行动能力的软件程序，可以代替用户执行任

务和与其他系统进行交互。Agent可以根据预设的规则和策略，自动执行复杂的业务流程，例如，Agent可以自动监控财务流程的执行情况，及时发现和解决问题，提高了财务流程的效率和稳定性。

在不同企业的运营环境中，相关的应用场景及其效果呈现出多样性。然而，从总体视角审视，它们确实可以为企业提供更加高效的运营模式，并具备成本节约的潜在能力。这对企业在数字化浪潮中强化自身竞争力、谋求持续发展具有重要意义。

08　IBM：将 AI 与日常工作深度融合

IBM 作为全球领先的 IT 服务提供商，一直致力于将 AI 与日常工作深度融合，以推动企业的数字化转型和发展。

IBM 的 Watson 平台是一个强大的 AI 和数据平台，能够帮助企业构建和部署定制化的 AI 应用。Watson 不仅支持大语言模型，还针对客户应用场景实现了小语言模型的适配，使得 AI 能够更好地融入企业的日常工作。

Watsonx 作为 IBM 推出的高级 AI 和数据平台，提供了包括模型开发、数据处理、AI 治理在内的完整技术工具，助力企业实现从数据准备到 AI 应用构建的全生命周期管理。

IBM 还开发了多种智能助手，如 AI 代码助手、AI 产品经理等，能够协助员工完成烦琐的工作，提高工作效率。例如，AI 代码助手可以提供代码建议和自动化功能，帮助开发者更快地编写高质量代码。

以往，文档管理工作需要员工花费大量时间来整理、分类以及检索文件。针对这一情况，IBM 开发了智能文档处理系统，帮助企业自动识别文档中的关键信息，并进行分类归档。例如，财务部门可利用该系统迅速识别发票、报表等文件，然后按照相关规则进行处理，员工只需进行简单审核即可，工作效率得到了极大的提升。

在客户服务方面，IBM 所开发的智能客服系统可实现 24 小时在线，随时为客户答疑解惑。智能客服通过深度学习算法持续积累和优化知识储备，能够精准理解客户的咨询意图。不管是解答常见问题，还是引导复杂业务，智能客服都能快速给出清晰、准确的答复。这不但减轻了人工客服的工作压力，还为客户带来了更为便捷、高效的服务体验。

在项目管理工作中，AI同样起到了重要作用。IBM的项目管理工具融合了AI算法，能够对项目进度、资源分配等方面进行实时监控与分析。它可以预测项目中可能出现的风险和问题，并提前发出警报，让项目团队有充足的时间调整计划与采取措施。例如，当项目出现进度延误的迹象时，AI可以分析是资源不足还是流程问题导致的，并给出相应的优化建议，助力项目顺利推进。

第十章

无边界沟通:消除一切沟通障碍

AI 时代的到来以及在线化协同办公平台的普及，使得企业内部的信息流动更加通畅，为团队结构的扁平化及无边界沟通奠定基础。

无边界沟通意味着打破时间、空间、层级和部门的限制，让信息能够自由、顺畅地流动。它不仅是一种沟通方式的变革，更是一种文化和理念的转变。通过消除沟通障碍，管理者能够激发团队的创造力，提高决策的准确性，实现组织的高效运转。

第十章　无边界沟通：消除一切沟通障碍

01　沟通好，才能释放更强的创造力

AI 能够快速处理大量数据，优化生产流程，提高生产效率。它可以在瞬间完成复杂的计算和分析，为决策提供有力的支持。然而，AI 并非万能的。它缺乏人类的情感、创造力和灵活性。这就需要管理者在 AI 管理中发挥关键作用，通过有效的沟通来激发团队的创造力。

沟通是人与人之间的桥梁，也是释放创造力的关键。在 AI 管理中，管理者首先要与团队成员进行充分的沟通，明确目标和期望。AI 虽然能够挖掘数据并进行分析，但最终的决策和执行还是需要人类来完成。管理者需要向团队成员解释 AI 的作用和局限性，让大家明白在 AI 管理下自己的角色和责任。只有团队成员清楚地了解目标和方向，他们才能更好地发挥自己的创造力，为实现共同的目标而努力。

良好的沟通还能够促进团队成员之间的合作与交流。在 AI 管理下，不同专业背景的人需要协同工作，共同解决问题。管理者可以通过组织团队活动、开展头脑风暴等方式，鼓励团队成员分享自己的想法和经验。这种开放的沟通氛围能够激发团队成员的创造力，促进创新思维的产生。同时，管理者也要倾听团队成员的意见和建议，及时给予反馈和支持。这样不仅能够增强团队成员的归属感和责任感，还能够提高团队的凝聚力和战斗力。

此外，管理者在与 AI 交互时也需要注意方法和技巧。虽然 AI 没有情感，

但它可以通过学习和训练来理解人类的语言和意图。管理者可以通过清晰、准确的指令和问题，引导 AI 提供更有价值的信息和建议。同时，管理者也要不断学习和掌握新的技术和知识，以便更好地与 AI 合作和互动。

创造力是企业和组织取得成功的关键因素，而良好的沟通则是释放创造力的催化剂。管理者要认识到沟通的重要性，积极与团队成员和 AI 沟通，营造一个开放、合作、创新的工作环境。

02 七种沟通到点子上的黄金法则

企业沟通效率提升的核心在于培养员工的沟通技巧和建立有效的沟通机制。为了确保沟通的高效性和目标顺利达成,企业需要引导员工遵循有效的沟通法则。图 10.1 所示的七种黄金法则能够帮助员工沟通到点子上,即使在远程沟通中也可以提升沟通质量和效果,如图 10.1 所示。

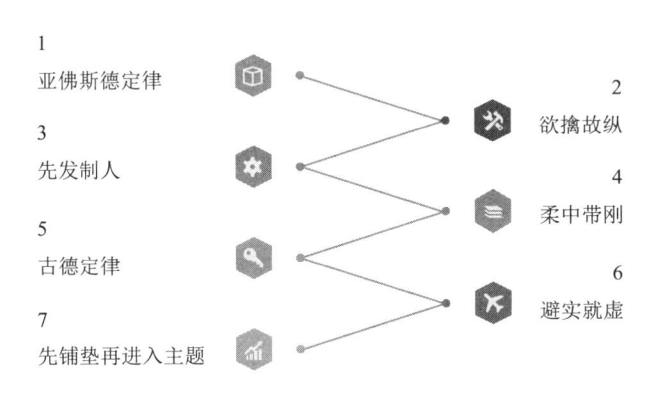

1 亚佛斯德定律
2 欲擒故纵
3 先发制人
4 柔中带刚
5 古德定律
6 避实就虚
7 先铺垫再进入主题

图 10.1 七种沟通到点子上的黄金法则

1. 亚佛斯德定律

亚佛斯德定律是德国人类学家 W.S. 亚佛斯德提出的,强调在与人沟通时,应当以对方的需求为核心,细致观察并精准把握其最迫切的需求。通过精准把握对方的关注点,我们能够更有效地引导沟通的方向,确保沟通内容直击要害,从而实现对沟通局面的精准掌控。

2. 欲擒故纵

在表达个人意见之前,先给予对方充分的肯定,使其处于愉悦和放松的状态。这种方法尤其适用于担心被对方拒绝或反驳的情境。如果遇到对方的抵触或顶撞,我们应保持冷静,并巧妙抓住对方的要害进行有理有据的反击,以此让对方意识到自己的立场并知难而退。

3. 先发制人

在沟通中,我们应掌握话语权,直截了当地阐述沟通的重点和目的。通过这种方式,我们能够确保沟通始终围绕核心议题展开,避免被对方牵着鼻子走而偏离主题。

4. 柔中带刚

在表达拒绝或不同意见时,我们应外表柔和、内心坚定。采用"先肯定后否定"的方式,既能让对方在情感上得到尊重和满足,又能委婉地传达自己的立场和观点。这种沟通方式有助于减少对方的不满和抵触情绪。

5. 古德定律

古德定律由美国心理学家 P.F. 古德提出,强调在与他人沟通时,应明确目的,并理解对方的观点和立场。在对方表达完意见后,我们应主动思考"他为什么这么说?他的目的是什么?"等问题,以便更好地把握沟通的方向和节奏。

6. 避实就虚

当遇到难以直接应对或敏感的话题时,我们可以采用装作不知道,巧妙转移话题以化解尴尬。通过引导对方关注其他话题,我们能够自然地绕开敏感点,确保沟通顺利进行。

7. 先铺垫再进入主题

在表达重要观点或立场之前,我们应先做好充分的铺垫工作。通过循循善诱的方式逐步引导对方进入主题,对方更容易接受我们的观点和态度。然而,在铺垫过程中也需注意把握分寸和节奏,以免对方失去耐心或产生反感情绪。

通过合理运用以上七种黄金法则,员工能够更好地与他人沟通,提升沟通效果,进而提升工作效率。

03　高效的数字化线上沟通工具

近年来推陈出新的数字化线上沟通工具打破了时间与空间的限制,使企业内管理与项目合作信息能够迅速传递与共享。这有利于提升团队协作效率,加速决策进程,增强企业对市场变化的响应能力,从而推动企业发展。

以国内主流的企业沟通工具钉钉为例。2022年4月,知名咨询与研究机构发布了《钉钉总体经济影响研究报告》。该报告显示,根据实践结果,某企业应用钉钉后,应用开发成本大幅降低,同时,信息获取及整合效率、投资回报率等都大幅提升。

在应用钉钉前,该企业的内部沟通方式以电话、邮件为主,跨部门沟通需要切换不同的系统,沟通效率低下。而该企业自建协作平台需要付出较高的成本,且缺乏专业的工作人员与IT资源。钉钉的应用解决了该企业面临的难题,其可以提供一站式沟通解决方案,为该企业提供定制化服务。除了内部部门、员工间的日常沟通外,钉钉还能为其提供便捷的咨询与售后服务。

钉钉协同套件极大地提升了该企业的协作效率和在线办公效率。例如,基于钉钉文档的在线编辑功能,该企业的员工可以多人同时进行文档编辑,实现信息同步,提高了信息收集与整理的效率。再如,该企业员工的视频会议、与客户的沟通等,都可以通过钉钉实现,在提升沟通效率的同时,也保证了信息的安全性。同时,钉钉集成了该企业内部的诸多应用,支持员工通过钉钉进行费用报销、打卡、请假等。这些丰富的功能提高了该企业的数字化程度和运营效率。

钉钉帮助该企业极大地节约了开发成本。为了满足不同企业的定制化需求,钉钉打造了应用商城、低代码开发平台等功能。该企业可以根据自己的需要,下载应用商城中的应用、进行定制化应用程序开发,开发成本大幅降低。同时,低代码使得应用程序的开发门槛降低,让更多业务人员可以参与应用程序开发。这激发了员工的自主性,也让业务更加灵活。

钉钉作为主流的数字化线上沟通工具,紧跟数字化趋势,凭借自己的技术能力,为企业数字化转型提供了方案与工具支持。

然而,要充分发挥数字化线上沟通工具的优势,管理者也需要注意一些问题。首先,要确保员工正确使用这些工具,进行必要的培训和引导,避免因不熟悉而导致效率低下;其次,要注意信息安全,采取有效的加密和权限管理措施,防止敏感信息泄露;最后,管理者不能过度依赖数字化工具,而忽视了面对面沟通的重要性。在某些情况下,面对面交流更能增进信任、激发创造力。

为了更好地使用数字化线上沟通工具,管理者可以采取三种措施,如图10.2所示。

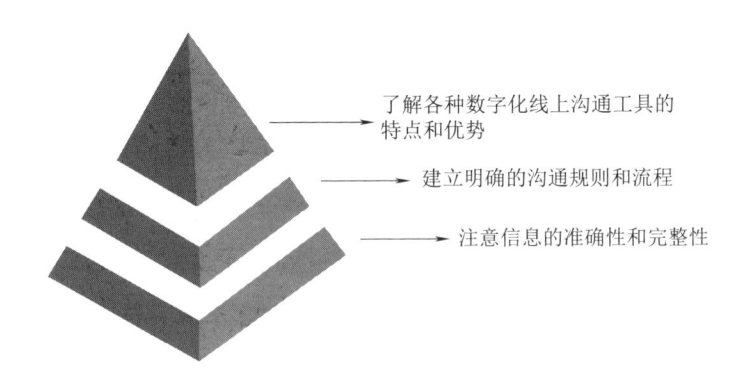

图10.2 使用数字化线上沟通工具的三种措施

1. 了解各种数字化线上沟通工具的特点和优势

微信、钉钉等即时通信软件适合快速交流和信息分享,能够实现随时随地一对一或群组沟通。腾讯会议、Zoom等视频会议平台则能够实现远程面对面交流,适用于团队会议、培训和客户沟通。蓝鲸智云、用友等项目管理工具可以帮助管理者跟踪项目进度、分配任务和协调团队合作。通过了解这些工具的功能,管理者可以根据不同的沟通需求选择合适的工具。

2. 建立明确的沟通规则和流程

例如,规定即时通信软件用于日常沟通和紧急事务处理,视频会议用于重要决策和团队讨论,项目管理工具用于任务分配和进度跟踪。同时,明确沟通的时间节点和回复要求,避免信息延误和混乱。建立良好的沟通规则和流程,可以提高沟通的效率和质量,减少误解和冲突。

3. 注意信息的准确性和完整性

管理者和成员在发送消息或邮件时,要简明扼要地表达重点,避免冗长和模糊的表述。对于重要的信息,可以使用加粗、标红等方式突出显示。在视频会议中,要提前准备好发言内容,确保表达清晰、有条理。同时,管理者还要鼓励团队成员积极反馈,及时了解他们的想法和意见,以便作出更明智的决策。

总之,高效的数字化线上沟通工具为管理者提供了强大的沟通手段。管理者要充分认识到这些工具的价值,使用它们实现有效的信息传递和团队协作。

04 远程办公背后的协作机制

随着越来越多的企业运用数字化线上沟通工具,如何让远程办公做到事半功倍成为许多企业亟待解决的问题。远程办公背后的协作机制涉及多个方面,其关键要素如下:

1. 数据共享

在远程办公中,数据共享至关重要。团队成员可以通过云存储服务、企业内部知识库等方式实现数据共享,及时获取所需信息,以便高效地完成工作。例如,借助 Google Drive、Dropbox 等云存储服务,团队成员可以随时随地访问和编辑文件;企业内部知识库可以整理和存储重要的业务知识和经验,方便团队成员随时查询和学习。同时,要确保数据的安全性,采取加密、权限管理等措施,防止数据泄露。

2. 沟通工具

在远程办公环境中,有效的沟通工具是团队协作的基石。这些工具包括实时聊天软件(如 Slack、Microsoft Teams)、视频会议工具(如 Zoom、Google Meet)及邮件工具(如 Gmail、Outlook)等。实时聊天软件支持即时消息传递、文件共享和第三方应用集成,提高了沟通效率;视频会议工具能够模拟线下会议的效果,增强团队成员之间的互动;邮件工具则用于安排和管理工作日程,支持自动提醒和任务分配。

3. 信任的建立

在远程办公中，信任是团队协作的关键。由于团队成员不在同一地点工作，因此管理者需要通过公开透明的沟通、及时解决问题、尊重和支持团队成员等方式，逐步建立和增强团队成员之间的信任。同时，提高透明度可以帮助团队成员了解项目进展和工作状况，增强责任感和参与感。例如，管理者可以与团队成员共同制订工作目标和计划，明确每个人的职责和期望；定期给予团队成员反馈和认可，鼓励他们的努力和成果；打造开放的沟通渠道，让团队成员能够随时提出问题和建议。

4. 明确目标

明确的目标是远程办公时团队协作的基础。团队成员需要清楚地知道自己的工作目标、任务及其对团队整体目标的贡献。管理者要与团队成员共同制定明确的目标，并将其分解为具体的任务和时间表。例如，制订每周工作计划，明确每个任务的负责人和完成时间。同时，要定期检查和评估目标的完成情况，及时调整和优化工作计划。

总之，远程办公背后的协作机制涵盖数据共享、沟通工具、信任的建立、明确目标等多个方面。只有当这些因素相互配合、协同作用时，远程办公和团队协作才能更高效，产出更好的工作结果。

05 打造开放式办公空间

在激烈的商业竞争中,企业的成功越来越依赖于团队协作和信息的快速流通,在升级软件与技术之外,企业线下空间与文化的打造也同样不容忽视。管理者可以结合企业情况从五个方面打造开放式办公空间,促进无边界沟通。

1. 构建开放的沟通文化

管理者应以身作则,积极营造和维护开放、透明的沟通氛围。例如,经常与员工交流,分享企业的目标、战略和决策过程,让员工了解企业的发展方向;鼓励员工提出问题、分享想法和反馈意见,让他们感受到自己的声音被重视。

2. 开放办公空间布局

开放式的办公环境可以减少隔阂,增加员工之间的偶然交流。管理者应摒弃传统的独立办公室,采用开放式工位,设置公共交流区域,为员工之间的互动创造更多机会。在这样的环境中,不同部门的员工能够自由交流,分享灵感,促进跨部门合作。

3. 定期召开团队沟通会议

管理者可以定期召开各种类型的沟通会议,如部门例会、项目进展会议等,并确保会议有明确的议程和目标。在会议中,管理者应鼓励员工积极发言,分享观点和经验,促进信息的流通和共享。

4. 鼓励员工社交和互动

管理者还可以组织一些团队建设活动、社交聚会或兴趣小组等，让员工在工作之余有更多的机会相互了解和交流，增进员工之间的关系，增强团队凝聚力。

5. 消除等级观念

在企业内部，管理者应尽量弱化等级差异，倡导平等沟通。管理者要以开放和平等的态度对待每一位员工，鼓励基层员工与高层领导直接交流。

通过实施以上这些策略，管理者可以打造开放式的办公空间，促进无边界沟通，提高团队协作效率和创新能力，使企业能够更好地应对快速变化的市场环境和激烈的竞争。

06 打破部门墙，消除信息孤岛

俗话说，"事在人为"。再先进的数字化系统，成功部署后也必须通过人与人、部门与部门之间的合作才能确保各项工作顺利开展。因此，从企业管理层面强调打破部门墙、消除信息孤岛就显得特别重要。

打破部门墙、消除信息孤岛需要采取一系列策略与措施。这是为了有效破除不同部门间的壁垒与隔阂，确保信息在组织内部自由、高效、无障碍流通与共享，进而推动组织整体效能提升。

信息孤岛的产生有两方面原因。一方面，各部门可能出于自身利益考量而筑起信息高墙，拒绝跨部门沟通与合作，形成主动孤岛。比如，有些部门担忧信息共享会导致权力分散、竞争优势丧失或风险增加。另一方面，技术限制也可能造就信息孤岛，即各部门所用技术系统不同，数据格式与接口不兼容，导致"语言不通"，形成被动孤岛。

信息孤岛会引发许多问题。

首先，数据的一致性与准确性难以保证。不同数据源之间的信息可能相互矛盾，影响企业对事务的准确判断与决策。

其次，会降低数据处理效率。管理者需花费额外时间和资源去寻找、整合分散数据，还可能导致重复收集和处理相同数据，造成资源浪费。

再次，缺乏统一数据视角。这将导致各部门无法全面了解整体情况，进而限制管理者视野,导致决策效率低下、质量欠佳。

最后,还会阻碍业务创新,限制知识共享和跨部门协作,降低从数据中挖掘潜在价值的可能性。对于需要与外部伙伴紧密合作的组织而言,信息孤岛会成为协作的障碍,影响供应链等方面的效率与效果。

为了打破部门墙、消除信息孤岛,管理者可从管理与技术两个层面着手。

在管理层面上,管理者需要对组织结构进行必要调整,突破传统部门界限,积极促进并鼓励跨部门交流与协作,以实现更高效的资源整合与流程优化。

例如,可创建跨部门项目团队或数据共享中心,促进信息流动与共享。同时,培育开放、共享的企业文化至关重要,管理者要让员工认识到信息共享对实现组织整体目标的重要性,增强其主动分享信息的意识。此外,建立明确的沟通机制和流程,确保信息能及时、准确地传递给所需的人。

在技术层面上,管理者需要统一数据标准和格式,使不同系统无缝对接;采用先进的数据集成技术和工具,将分散于各个系统中的数据整合起来,实现数据的互联互通。同时,建立集中的数据管理平台,提升数据存储、查询和分析效率,利用云计算、大数据等技术,提升数据处理和分析能力,更好地挖掘数据价值。

在数字化转型进程中,海尔公司构建了智能协同平台,通过 AI 算法对企业内部各部门数据进行整合与分析。在生产环节,原本相对独立的研发部门、制造部门、质量检测部门等的数据得以打通。AI 系统能依据研发部门的产品设计数据自动生成制造工艺指导,并实时传输给制造部门。

质量检测部门的检测数据也可及时反馈给研发和制造部门,使其能快速进行调整与优化。例如,当质量检测部门发现某批次产品中某个零部件的不良率上升时,AI 系统会迅速分析原因,并将分析结果及时传递给相关部门以解决问题。如此,打破了部门间的信息壁垒,提升了整体运营效率。

总之,想要打破部门墙、消除信息孤岛,管理者需要综合运用管理和技术手段,促进信息的自由流通与共享,从根本上实现组织效率、创新能力和竞争力的全方位提升。

07　AI 时代要有跨职能团队

跨职能团队能够会聚不同专业领域的人才,有利于充分发挥他们的优势。在 AI 的助力下,跨职能团队可以更高效地解决问题、推动创新。具体而言,打造跨职能团队的必要性体现在以下几个方面:

1. AI 项目的复杂性需要跨职能团队

AI 技术的应用往往涉及多个领域的知识和技能,包括数据科学、机器学习、软件工程、业务分析等。AI 项目的成功,离不开不同专业人员的合作,以高效完成数据收集和处理、模型开发和优化、系统集成和部署等工作。

例如,数据科学家负责数据分析和模型构建,软件工程师负责开发和维护 AI 系统,业务分析师则负责理解业务需求并将 AI 解决方案与业务流程相结合。

2. 跨职能团队能够提供多元化的视角和创新思维

AI 时代的挑战不仅是技术问题,还涉及伦理、法律、社会和商业等多个方面。不同专业背景的人员拥有不同的视角和思考方式,有助于全面剖析问题,找到最佳解决方案。

例如,法律专业人员可以解决 AI 应用中的隐私和法律合规问题,市场人员可以从市场需求和商业价值的角度出发,为 AI 项目提供战略指导。

3. 跨职能团队有助于提高项目的效率和质量

在 AI 项目中,不同专业的人员可以相互学习和借鉴,提高自己的专业水平。同时,跨职能团队可以避免重复劳动和资源浪费,实现资源的优化配置。

例如,数据科学家和软件工程师可以共同优化数据处理流程,提高数据质量和处理效率;业务分析师和数据科学家可以合作进行需求分析和模型验证,确保 AI 解决方案符合业务需求。

4. 跨职能团队能够更好地适应快速变化的市场环境

AI 技术的发展速度非常快,市场需求也在不断变化。跨职能团队具有更强的灵活性和适应性,能够快速响应市场变化,调整项目方向和策略。

例如,当市场需求发生变化时,业务分析师可以及时反馈给团队,数据科学家和软件工程师可以根据新的需求调整模型和系统,确保 AI 解决方案始终保持竞争力。

综上所述,跨职能团队能够应对 AI 项目的复杂性,提供多元化的视角和创新思维,提高项目的效率和质量,适应快速变化的市场环境。为了在 AI 时代取得竞争优势,企业应该积极组建跨职能团队,培养团队成员的合作精神和创新能力,推动 AI 技术的应用和发展。

08 字节跳动：飞书助力员工远程协作

在我国企业掀起出海浪潮的今天，数字化与远程协作平台成为企业全球化过程中必不可少的工具。以字节跳动为例，其在国内外、多区域都设有办公室，出于业务发展的需要，不同地域的员工之间需要进行远程沟通和协作。于是，字节跳动基于自身需求自主研发办公套件产品——飞书。借助飞书，员工可以打破地域限制，实现高效的远程沟通与项目协作。

近年来，随着飞书面向市场开放应用，越来越多的企业加入使用行列，这促进了飞书产品不断完善。如今，飞书已不仅是一款企业内部的交流软件，更成为一款促进目标聚焦、提高执行效率的企业管理工具。它融合了字节跳动自身的成功经验与全球领先科技公司间流行的 OKR 管理理念，通过简洁高效的工具，助力团队朝着共同目标快速前进，为员工间的远程协作提供了坚实的基础。

员工可在飞书云文档上实时编辑、协同创作。不管是头脑风暴所产生的创意想法，还是复杂项目的详细规划，都能在文档中明晰呈现。而且，当多人同时在线编辑时，文档会实时显示其他人的编辑位置与内容，有效避免了冲突与混乱。如此一来，信息得以快速流转，大家的思路能够第一时间汇聚，工作效率得到了极大提升。

基于飞书建立的沟通群组，就像高效运转的小齿轮，促进了员工之间的信息交流。无论是日常工作中的疑问解答还是紧急事务讨论，都可以在群组中进行。同时，群组还支持对任务进行快速拆解与分配。项目负责人可以将大的项目目标细化为具体的小任务，并明确分配给各个成员。成员可以在群组中及时反馈任务执行情况，遇到问题时也能在第一时间获得大家的帮助与建议。

飞书的项目进度管理功能进一步提升了远程协作的效率。在这个平台上，项目需求和进度能够直观地呈现，每个成员都能清楚地看到项目的整体进展情况、自己负责的任务所处阶段以及与其他任务的关联情况。这使得整个项目像一幅透明的蓝图展现在大家面前，有效避免了远程协作可能带来的信息不透明和沟通不畅的问题。

在远程办公中，视频会议是维持团队凝聚力的关键。飞书提供了高清流畅的视频会议功能，支持多人同时在线参与，让团队成员仿佛置身于同一间会议室。通过飞书视频会议，团队成员可以清晰地看到彼此的表情和动作，更好地传达情感和意图，增强团队的默契和信任。

飞书的日程管理功能可以帮助团队成员轻松安排会议、设置提醒、共享日程，确保每个人都能在正确的时间做正确的事。同时，飞书还支持与第三方日历应用的同步，让团队成员能够随时查看并管理自己的日程安排，提高工作效率。

近年来，小米、理想、三一重工等在各自领域名列前茅的企业，也通过飞书这一综合性协作平台实现了项目管理与远程办公效率的大幅提升。毫不夸张地说，飞书作为一款广获好评的协同办公软件，不仅解决了企业团队在在线沟通、协作、管理等方面的痛点，更通过创新的功能和人性化的交互设计激发了团队的无限潜能。

第十一章 共享学习：迅速复制成功经验

在现代企业治理中,共享学习是一个提升整个组织绩效的关键策略,因为共享不仅是知识的传递,更是一种文化的塑造。这种文化鼓励员工之间互相学习、互相借鉴,将优秀员工的成功经验转化为团队的智慧,从而推动企业不断前进。

01 AI 时代的知识创新与组织学习

AI 时代的到来为企业知识创新提供了新的机遇。借助 AI 强大的数据分析能力，企业可以深度挖掘内部数据，发现潜在运作规律和趋势，以此开发出新的产品和服务，满足客户个性化和多样化的需求。例如，企业利用大数据技术分析客户的行为数据，精准洞察市场动态，从而为产品创新提供思路和方向。

同时，AI 有助于促进组织内的知识交流与共享。智能平台和工具可以打破部门和组织的边界，实现知识的快速传播与整合。

例如，互软 UMIS 智能协同平台以人为中心、以流程为主线、以知识为基础，助力企业打造高效沟通、紧密协作的系统化管理利器。其核心亮点在于能够实现知识的有效积累、广泛分享和持续创新。

该平台通过精心构建的多维度知识分类体系，为用户提供了高效便捷的搜索功能，实现了一键式检索；内容丰富，覆盖了大部分组织所需的各类知识资源；具备严格的权限管理，确保了知识分享与利用的安全性。

知识创新需要员工创造新的有价值的知识，这要求企业营造鼓励创新的文化氛围，赋予员工尝试新想法的自由和空间。例如，企业可以设立创新奖励机制，进一步激发员工的创新热情与创造力。

组织学习则是知识创新的基础和保障。AI 时代市场环境变化快速，企业需要具备快速学习和适应变化的能力。AI 可以为员工学习提供个性化的学习路径和精准的学习资源推荐。员工能根据自身发展需求和岗位特点,利用 AI 系统获取定制化的学习内容,提升能力素质。

为了适应不断变化的知识和技术,企业还需建立灵活的组织结构和流程。跨部门的学习小组和项目团队有利于促进知识的流通和整合,提高组织的学习效率。

例如,百度将大模型和知识图谱技术应用于知识管理,构建了产品增长飞轮,打造了知识创造、沉淀、流动、应用及反馈的完整闭环。百度旗下"如流"App 及其知识库作为知识创造与消费阵地,通过采用搜索与推荐双重引擎,有效实现了员工获取知识方式的转变,即由传统的"主动搜索"进化为更为精准的"个性化推送"。同时,流式引擎围绕具体工作场景对传统的人事交互模式进行了革新,使得工作方式由过去的"人寻找任务"逐渐转变为更高效的"任务主动找到人"。

再如,在智能制造行业,管理者对知识管理的需求更加紧迫。达观智能知识管理系统(knowledge management system,KMS)为工业制造领域提供了一个集中、高效、智能的知识管理平台。KMS 凭借其自动化的知识生产、组织和搜索功能,以及深度的系统整合能力,在生产计划、质量管理、设备维护和供应链管理等核心业务领域展现出显著的价值。相较于传统的知识管理系统,该系统显著减少了人工干预,提升了决策效率,助力企业高效识别生产瓶颈、预测设备故障,并为企业的创新及优化提供坚实的支撑。

总之,企业管理者需要充分利用 AI 技术,培育创新文化,构建学习型组织。这样才能更好地引领企业在 AI 时代的激烈市场竞争中赢得胜利。

02 数据共享与资源同频比较

数据共享和资源同频都是共享学习的重要表现形式,但它们有着不同的侧重点和作用,见表11.1。

表 11.1　数据共享和资源同频的对比

对比维度	数据共享	资源同频
定义	不同部门和人员能够访问和使用共同的数据	企业内各种资源(人力、物力、财力等)在运作节奏、调配和利用上保持同步和协调
重点	数据的流通与利用	资源的协调与同步运作
优势	消除信息孤岛,提高决策科学性和准确性,促进部门间协同	优化资源配置,提高运营流畅性,避免资源浪费和冲突
挑战	数据安全与隐私保护,数据质量和一致性维护	复杂的协调机制,高效沟通渠道的建立,资源评估和预测的难度
对企业的作用	提供丰富的数据资源,便于员工获取知识和经验,促进知识的传播和整合	确保学习过程中所需资源的及时供应,保障学习活动的顺利进行,提升学习效果的转化效率
案例	销售部门通过共享数据库了解客户历史购买信息,制定精准营销策略	项目团队在推进项目时,人力、物力和资金同步到位,保障项目按计划进行

数据共享的核心在于确保信息与数据的顺畅流通与高效利用。通过实施数据共享机制,企业内部各部门及团队能够获取一致、精确且实时更新的数据资源,消除信息孤岛,进而提升决策的科学性与准确性。

例如,销售部门可以及时了解生产部门的库存情况,以便更精准地制订销售计划;研发部门能够参考市场部门的客户反馈数据来改进产品设计。

在建立数据共享机制前,企业需明确数据共享的性质,因为这涉及部门管理、数据流通安全、不同员工的职责与权益。数据共享是一项自上而下的工程,企业需要提前规划、谨慎决策并持续关注。具体而言,企业需要关注以下三个要点:

1. 明确数据共享范围

企业需要明确数据共享的范围,根据自身实际需求和发展潜力确定是共享全部数据还是给数据划分级别,如核心、非核心数据,一级、二级、三级数据等,再给不同级别的数据设置相应的共享权限。

2. 合理地处理共享数据

如果数据存放在各种系统中,没有经过任何处理,各部门想要获取这些数据需要打开一个个系统,就不是真正的数据共享。对此,企业可以采取一些措施处理共享数据,使其集中整合,便于调用,例如,定期拷贝原始数据,上传到统一数据库,通过接口保持数据同步等。

3. 调动员工的主观能动性

数据共享离不开每个员工的参与,因此企业应调动各部门、各层级员工的主观能动性,让员工明白数据共享对工作的好处,明确数据流通制度,落实数据安全、数据流通规定,避免潜在风险和责任问题。

资源同频则更侧重于企业内各种资源的协调和同步运作,能够确保各个部门和业务环节在资源分配和使用上保持一致的节奏和方向,以实现整体效率的最大化。例如,在项目执行过程中,确保人力、物力和资金的投入能够按照预定的计划同步到位,避免出现资源闲置或短缺的情况。

资源同频能够优化资源配置,提高企业运营的流畅性,但实现资源同频可能需要更复杂的协调机制和高效的沟通渠道。

03 跨越"能力代沟",与趋势同行

为了适应不断变化的市场环境和日益激烈的竞争,企业需要不断学习和创新。而共享学习作为一种重要手段,能够助力企业员工跨越"能力代沟",紧跟时代趋势。

"能力代沟"这一现象在企业中并不罕见。随着技术的进步和业务的拓展,新员工可能带来了新的知识和技能,但缺乏对企业内部运作和文化的深入理解;老员工拥有丰富的经验,对企业有很高的忠诚度,但接受新技术、新观念的意愿和能力较低。新老员工能力上的差异如果不能缩小,将阻碍企业长远发展。

基于 AI 与数字化系统的共享学习为解决这一问题提供了途径。企业可以建立类似企业大学的在线化共享学习平台和机制,这样无论是新员工还是老员工,都能将自己的知识和经验分享给他人。新员工可以传授最新的技术和创新思维,老员工则可以分享多年积累的实战经验和应对复杂问题的策略。这种双向的交流不仅能够提升员工个人的能力,更能促进整个团队和企业的发展。

共享学习还能有效消除部门间的隔阂,实现知识与经验的跨部门高效交流与共享。例如,市场营销部门可以与研发部门共同探讨消费者需求和产品创新方向,财务部门可以与业务部门合作优化成本控制和资源配置。这种跨部门的学习与合作有助于培养员工的全局视野和综合能力,使企业在面对复杂多变的

市场环境时能够迅速作出准确的决策。

同时,共享学习还能帮助企业紧跟时代趋势。在信息爆炸的时代,新的理念、技术和商业模式层出不穷。通过共享学习,企业能够及时捕捉到这些新的趋势,并将其转化为发展动力。例如,AI 和大数据成为行业热点,企业可以组织内部培训和交流活动,让员工共同探索如何将这些技术应用到企业的业务中,从而提升企业的竞争力。

为了推动共享学习的有效实施,管理者还需要发挥积极的引导作用,例如,制定鼓励共享学习的政策和激励机制,营造开放和包容的学习氛围,为员工提供学习资源和交流的机会。同时,企业还需要建立相应的评估和反馈机制,以确保共享学习的效果和质量。

04 三步制定可量化、可持续的复制策略

企业可以通过三个步骤制定可量化、可持续的复制策略,实现共享学习在企业内部的大规模推广,如图11.1所示。

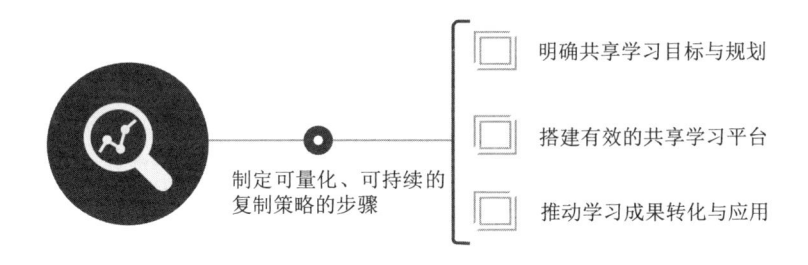

图 11.1 制定可量化、可持续的复制策略的步骤

- 明确共享学习目标与规划
- 搭建有效的共享学习平台
- 推动学习成果转化与应用

1. 明确共享学习目标与规划

企业需要设定具体、可衡量的共享学习目标,例如,提升员工特定技能水平、提升团队创新能力等。同时,企业要明确发展现状以及知识储备、学习资源和共享机制等方面的优势与不足。基于目标和现状,企业可以制订详细的实施计划,包括阶段性的任务、时间安排、所需资源以及关键里程碑。这样可以确保计划具有明确的方向和可操作性,为后续的学习活动提供清晰的指导。

2. 搭建有效的共享学习平台

在搭建及维护共享学习平台的过程中,企业应审慎选择适配的学习管理系统,如小鹅通、腾讯乐享等,以进行个性化定制搭建。

企业还要整合高质量的在线课程资源,包括但不限于视频教程、音频讲解及详尽的文档资料,以确保学习内容的丰富性和多样性。同时,企业需合理设定学习计划和课程安排,以维护学习的有序性和连贯性。共享学习平台应定期维护和更新,以确保其稳定性、安全性和良好的用户体验。

企业还应定期举办线下交流活动,如交流会、研讨会等,以促进面对面交流;邀请行业专家或优秀员工分享经验和心得,提升团队成员的专业素养;鼓励成员积极参与讨论和互动,并对活动进行总结与反馈,不断优化活动方案。

在知识库构建与完善过程中,管理者应秉持严谨的态度,致力于构建团队内部的知识库,并系统地整理和归纳各类学习资料与文档。为鼓励团队成员积极参与,管理者应激励他们分享个人知识与经验,以丰富知识库的内容。同时,为了确保知识库的高效利用,应合理设置分类和标签,便于团队成员检索和查找所需信息。此外,管理者还需定期更新知识库,以确保其中所涵盖知识的时效性和准确性,从而为团队提供持续且可靠的知识支持。

3. 推动学习成果转化与应用

(1)培训与反馈。企业应鼓励员工积极参加相关培训,并提供必要的支持,如培训材料、时间安排等;建立培训反馈机制,及时收集员工对培训课程的意见和建议,用以改进和优化培训内容;针对不同岗位和职能安排培训课程,确保员工获取所需的专业知识和技能。

(2)专家资源利用。企业应积极引入外部专家资源,为员工提供专业指导、咨询和培训服务;与行业内的专业机构、高校等建立合作关系,实现资源共享,推动员工提升专业性;鼓励员工参加外部的专业交流活动,如研讨会、论坛等,以拓宽视野,了解行业动态。

(3)内部经验传承。企业可以通过构建内部经验传承机制,鼓励老员工分享经验和知识,助力新员工快速融入团队并提升专业能力;定期组织内部交流会、座谈会等,为员工提供分享经验和学习的平台;通过编写内部教材、案例等方式,将团队的经验和知识固化下来,方便员工随时学习和参考。

(4)营造共享学习氛围。企业应营造平等、开放的讨论环境,充分尊重不同意见,形成包容性强的团队氛围;提倡互动式学习,鼓励员工在学习过程中相互提问、解答疑惑,促进知识共享与吸收;利用在线协作工具,如在线协作平台、社交媒体等,打破时空限制,方便员工随时随地进行讨论和交流。

(5)评估与激励。企业应定期对共享学习的效果进行评估,例如,通过参与度评估观察员工在学习过程中的积极程度,通过满意度评估了解员工对学习过程和成果的看法。企业还要设立相应的激励机制,对积极参与共享学习并取得成果的员工给予奖励,以激发员工的积极性和主动性。

通过以上三个步骤,企业可以制定一套可量化、可持续的共享学习复制策略,促进知识在组织内的流动和共享,提升员工的能力和团队的竞争力,推动企业的持续发展与创新。

05 总结成功经验,形成工作指南

总结成功经验能够促进知识的传承与积累。员工在工作中会积累独特的经验和见解,这些宝贵的财富如果仅存在于个人脑海中,一旦员工离职,就会随之流失。而通过总结和共享,可以将这些分散的经验汇聚起来,形成企业的知识库,为后续的工作提供参考和借鉴。

总结成功经验,形成工作指南,有助于提高工作效率和质量。工作指南是对过往成功经验的提炼和规范化,明确了工作的流程、方法和标准。新员工可以依据指南快速上手开展工作,避免走弯路;老员工也能对照指南,优化自己的工作方式,确保工作的一致性和高效性。

为了有效地总结成功的工作经验并形成工作指南,企业可以采取以下措施:

(1)营造开放的沟通氛围。企业应鼓励员工积极分享自己的工作心得、技巧以及遇到的问题和解决方案,通过定期的团队会议、经验分享会等形式,为员工提供交流的平台。

(2)建立相应的激励机制。企业可以对积极分享经验、为工作指南的制定作出贡献的员工给予表彰和奖励,以激发员工分享的积极性和主动性。

(3)确定经验总结的方法和流程。企业可以要求员工以项目总结、案例分析等方式记录工作中的重要经验,并由专门的团队或人员进行整理和提炼,形成具有普遍性和指导性的工作指南。

在形成工作指南后,企业要注重推广和应用。具体而言,企业可以将工作指南纳入员工培训体系,使新员工在入职初期就能学习和了解;在日常工作中,鼓励员工依据指南开展工作,并及时反馈使用过程中遇到的问题和建议,以便对工作指南进行持续改进和完善。

此外,企业还应认识到工作指南并非一成不变。随着市场环境、技术趋势和业务需求的变化,工作指南也需要不断更新和优化。对此,企业可以定期回顾和评估工作指南的有效性,删除过时的内容,补充新的经验和方法,确保其始终具有实际指导意义。

总之,总结成功工作经验并形成工作指南是一项具有深远意义的工作。它不仅有助于提升企业的整体竞争力,还能促进员工的个人成长和发展。通过不断地总结、共享和完善工作经验并持续优化工作指南,企业能够在不断变化的市场中保持活力,实现可持续发展。

06　智能设备是实现共享的必备工具

在当前视频会议技术日新月异的时代背景下,传统硬件设备逐渐难以满足企业日益多样化的需求。作为一种创新的技术方案,智能会议平板以其卓越的性能和灵活性,为企业搭建起远程沟通与实时互动的高效桥梁,从而显著提升了企业的整体办公效率。

相较于普通会议平板,智能会议平板的显著特点在于具有多点触控和触摸书写两大先进功能。其强大的互动性促进了员工的积极参与。员工通过触摸操作、手写批注等功能,可以直接在屏幕上发表自己的观点、标注重点,实时互动。这不仅增强了学习过程中的参与感,还能激发员工的创新思维,促进知识的深度交流和共同创造。

智能会议平板支持远程协作,打破了空间限制。即使团队成员分布在不同的地点,也能通过网络连接共同参与学习和讨论。这对于跨区域的企业来说尤为重要,使得各地的员工能够同步获取知识,共享学习成果,提升团队的整体素质。

此外,它具备便捷的文件共享和保存功能。学习过程中产生的各类文件和讨论结果可以轻松保存和分享,方便员工后续回顾和参考。同时,与其他设备的无缝连接,使得从电脑、手机等设备上获取的资料能够快速传输到会议平板上,实现了资源的高效整合。

智能会议平板通常配备智能白板软件，支持多人同时书写和编辑，有助于团队共同梳理知识框架、制订学习计划。而且，其操作简单，无须培训，员工就能快速上手使用。

在企业追求创新和持续发展的道路上，智能会议平板以其独特的优势，为企业搭建了一个高效的共享学习平台。它不仅提升了学习效果和效率，还增强了团队协作和凝聚力，成为推动企业不断进步的重要力量。

07　线上学习平台，满足成长需求

为了跟上时代的步伐，满足员工成长与职业发展的需求，很多企业都打造了线上学习平台，助力员工获取知识、提升技能。线上学习平台不仅汇聚了海量的学习资源，还提供了灵活多样的学习方式，让学习不再受时间、地点的限制，真正实现"随时随地，想学就学"。

例如，方太大学与平安知鸟合作，打造了线上学习平台，满足了员工的成长需求。企业内不同部门间存在"次元壁"，而线上学习平台作为连接各部门的桥梁，需承担破壁责任，这不仅能打破组织间隔，方便员工间的学习沟通与经验交流，还能打通不同部门的思想通道，培养员工的创新思维。

在内容方面，方太大学构建了金字塔状的内容架构，如图 11.2 所示。

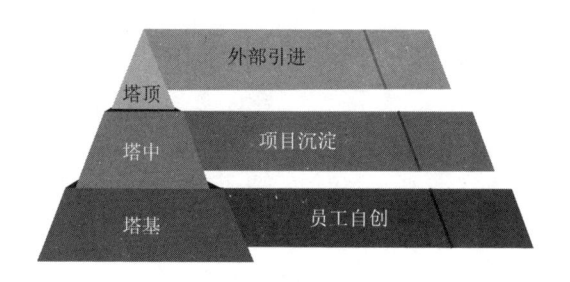

图 11.2　方太大学构建的金字塔状内容结构

1. 塔顶：外部引进

在刚推出线上学习平台时，方太大学采购了市面上各领域的优秀课程，为平台提供基础内容的同时,也让员工能以不同视野看待事物。

2. 塔中:项目沉淀

塔中部分包括直播与项目沉淀课程。直播结束后,方太大学会对内容进行剪辑、包装,并将其发布在平台上,供学员回放。

方太大学还录制各个学院的优质学习课程,将其沉淀为线上资源,助力知识管理并丰富平台内容。

3. 塔基:员工自创

方太大学致力于营造"人人为师"的学习氛围,设置"知识管理员"这一虚拟组织,鼓励员工积极分享自己的经验与方法,并通过激励机制推动员工成为"知识管理员",自主开发与分享优质业务经验。

以业务为目标是调动员工学习积极性的关键。当员工带着解决业务难题的目标到线上平台学习并切实掌握方法后,为了更好地完成业务,他们自然会主动学习。将平台与业务紧密结合,打造为业务而学、学了就能用的培训氛围,可以使线上学习平台更受员工青睐。

通过与平安知鸟的合作,方太大学搭建了完善的数字化培训体系。例如,利用在线直播,单场培训可覆盖千人以上,提高了培训覆盖率,还有助于知识沉淀,避免讲师重复授课,提升了师资利用率并节约了相关费用开支。同时,方太大学将学员档案纳入平安知鸟平台,实时追踪员工学习动态,通过学习地图评估学习成果,并打通培训系统与职业发展路径。

在平安知鸟的助力下,方太大学成功打造了特色线上学习平台,解决了培训时员工走神、"摸鱼"的问题,将枯燥的学习转变为有趣的"知识游戏",吸引员工主动学习。这不仅满足了员工的成长需求,还为行业内其他企业提供了可借鉴的学习范本。

线上学习平台帮助方太完成了向数字化培训的跃迁,激发了员工的积极性,使其成为平台设计者和资源分享者,推动方太在数字化潮流中不断前行并保持领先地位。

08 智能笔记管理，解决共享问题

在当今快速发展的商业环境中，企业获取、整合和应用知识的能力越发关键。许多企业积极推行共享学习，旨在促进员工之间的知识交流与协同创新，但在实践过程中也遇到了一系列问题。

1. 知识分散，难以整合

员工在不同的项目和工作中积累了丰富的经验和知识，但这些知识往往分散在其脑海中、邮件里以及各种零散的文档中，难以形成系统性的知识体系，导致重复劳动和效率低下。

2. 知识传递和共享存在障碍

传统的分享方式，如会议、培训等，受时间和空间的限制，无法满足员工随时随地获取知识的需求。而且，口头分享容易出现信息遗漏、误解等问题。

3. 缺乏有效的手段评估学习效果

企业难以确切了解员工通过共享学习获得了哪些提升，无法衡量共享学习的实际效果。

为了解决这些问题，某企业引入了智能笔记管理系统。这个系统实现了知识的集中化管理，员工可以将自己的经验、见解、技术要点等以文字、图片、视频等形式记录在智能笔记中，并按照业务板块、项目类型等进行分类和标签化，方便后续的检索和整合。

智能笔记的实时同步和移动端访问功能,打破了时间和空间的限制,让员工能够在任何时间、地点获取和分享知识。同时,其强大的搜索功能使员工能够迅速找到所需的信息,大大提高了知识获取的效率。

通过智能笔记的评论和点赞功能,员工之间可以进行互动交流,促进知识的进一步深化和拓展。而且,系统可以自动跟踪员工的笔记创建、阅读和分享情况,为企业评估共享学习效果提供了客观的数据支持。

例如,在一个新产品研发项目中,项目成员将研发过程中的问题解决思路、技术难点等关键信息记录在智能笔记中。其他项目团队在遇到类似问题时,可以通过快速查阅笔记来解决问题,节省了大量的时间和精力,避免了重复探索。

总之,智能笔记管理有效地解决了知识分散、共享困难和难以评估效果等问题,提升了企业的创新能力和竞争力。

09　华为：满足不同场景的学习需求

随着数字经济的蓬勃发展，企业对数字化人才的需求越发迫切。然而，在员工培训方面，企业面临一系列挑战，如员工分布广泛、流动性较高、关键岗位培训难度大等。这些挑战导致企业难以高效地实施培训计划，也难以有效沉淀知识资产。此外，如果企业选择自建培训平台，将面临较高的成本投入。

针对企业所面临的员工培训难题，华为推出了一款企业培训产品"时习知"。该产品依托华为人才管理经验及华为生态伙伴数字化转型优秀实践，为企业提供一站式在线学习培训解决方案。

"时习知"不仅能满足企业的内部培训需求，如新员工培训、关键岗位培训、考试认证等，还能满足对外培训需求，如合作伙伴赋能、供应商赋能等。"时习知"还支持在线教学、在线考试、技能认证、竞赛等，助力企业打造数字化学堂，推动员工成长。

基于不同场景和客户类型，"时习知"可以提供多种解决方案，如图 11.3 所示。

1. 快速搭建学堂

在"时习知"的助力下，企业无须投入人力进行开发工作，就可以实现零代码快速搭建在线学堂，极大地节省了时间和成本。

此外，"时习知"可以依据企业组织结构的实际情况，为不同部门精准设定角色权限,确保权限管理兼具系统性与灵活性。

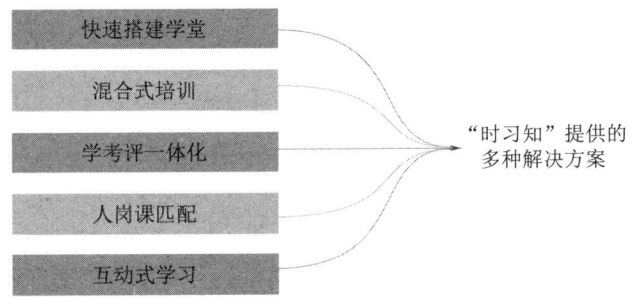

```
快速搭建学堂
混合式培训
学考评一体化    →  "时习知"提供的
人岗课匹配        多种解决方案
互动式学习
```

图 11.3 "时习知"提供的多种解决方案

2. 混合式培训

传统培训大多是面授形式,参与的人数有限,效果也没有保障。"时习知"混合式培训模式突破时空限制,灵活高效,企业可以随时随地开展员工培训。此外,"时习知"灵活组合各类课程,支持图文、视频、音频等形式;支持在线学习与传统训练结合,员工可在线学习并参与考试。针对考试中暴露出来的问题,企业可以组织线下培训并再次进行在线考试,确保员工深入理解与运用知识。

混合式培训显著提升了企业培训的灵活性,有效降低了培训成本,能够实现员工能力与岗位绩效的双重提升。

3. 学考评一体化

在培训进程中,一大突出痛点是难以对培训效果进行追踪和衡量。

"时习知"可破解教学考评一体化难题。借助"时习知",企业可以打造各类培训课程,留存学员学习数据,借助数据报表分析培训的效果;有针对性地开展在线考试,评估员工的知识掌握情况;依据考核标准,向考试合格者发放证书,未过者可重学重考。由此,教学和考评紧密结合,培训效果可追踪和衡量,形成培训闭环。

4. 人岗课匹配

许多企业培训成本高、效果差,关键原因在于人岗课不匹配。"时习知"的

"学习地图"能解决这个问题，帮助企业精准开展培训。管理员可以根据岗位和职级要求定制能力评估模型和培训计划，创建不同学习地图并指派任务。"学习地图"还能提供路径式课程引导，为员工晋升指明方向，激发员工的学习动力。

5. 互动式学习

针对企业培训中员工参与度低、学习枯燥、效果不佳等问题，"时习知"推出了互动式学习模式。在培训前，系统会自动发送新课报名和提醒学习的通知；在培训过程中，员工可以分享学习心得并进行交流互动；在培训结束后，员工可以对课程进行反馈、评论和点赞等操作。这种全程沉浸式的参与方式不仅激发了学员的学习积极性，还使得企业培训更加生动有趣。

总之，"时习知"作为一款面向全场景的培训学习平台，能够满足企业多样化的培训需求，助力企业打造学习型组织，解决企业所面临的人才问题。

第十二章 决胜未来：管理者转型方案

随着 AI 技术不断渗透，传统的管理模式已难以适应快速变化的市场环境和日益复杂的业务需求。如果管理者故步自封，企业就可能在激烈的竞争中逐渐落后。然而，转型并非一蹴而就，它需要管理者具备全新的思维方式、技能组合和战略视野。

本章旨在探讨转型对管理者角色的深远影响，以及如何通过创新思维和战略规划，将 AI 技术融入管理实践，从而推动组织实现共生发展。

01 洞察趋势，探索管理的新方向

AI为管理者带来了全新的机遇和挑战。为了适应这个快速变化的时代，管理者需要洞察趋势，积极转型，探索未来管理的新方向。

1. 洞察趋势

（1）技术发展趋势。AI、大数据、云计算等技术正在重塑各个行业。管理者需要密切关注这些技术的最新进展，了解其对企业运营和管理的潜在影响。例如，AI可以实现自动化决策、智能化客户服务、精准营销等；大数据可以帮助企业进行市场分析和预测；云计算可以提高企业的运营效率和灵活性。

（2）人才需求趋势。随着AI技术的普及，企业对具备数字技能和创新思维的人才的需求日益增长。管理者需要认识到人才是企业的核心竞争力，积极吸引和培养适应AI时代的人才。同时，管理者也需要关注员工的职业发展需求，为他们提供培训和晋升机会，以提高员工的满意度和忠诚度。

（3）市场竞争趋势。AI时代的市场竞争更加激烈，企业需要不断创新和优化产品和服务，以满足客户的个性化需求。管理者需要关注市场动态，了解竞争对手的策略，及时调整企业的发展战略。同时，管理者也需要加强企业的品牌建设和市场营销，提高企业的知名度和美誉度。

2. 未来管理的新方向

（1）数字化管理。AI时代，企业的运营和管理实现数字化。管理者需要构建数字化管理平台,实现企业数据实时采集、快速分析和智能决策。通过数字化管理,管理者可以更加准确地了解企业的运营状况,及时发现问题并采取措施加以解决。同时,数字化管理也可以提高企业的运营效率和管理水平。

(2)创新管理。创新是企业在 AI 时代生存和发展的关键。管理者需要营造创新文化,鼓励员工提出新的想法和建议。同时,管理者也需要建立创新机制,为员工创新提供资源和支持,如设立创新基金、开展创新竞赛等。通过创新管理,企业可以不断推出新产品和服务,满足客户的个性化需求,提高市场竞争力。

(3)人才管理。人才是企业在 AI 时代的核心竞争力。管理者需要转变人才管理理念,从传统的控制型管理向赋能型管理转变。管理者需要为员工提供更多的自主权和发展空间,激发员工的创造力和潜力。同时,管理者也需要加强员工培训,提高员工的数字技能和创新思维。通过人才管理,企业可以吸引和留住优秀人才,为长远发展提供有力的支持。

(4)风险管理。AI 时代,企业面临的风险更加复杂和多样化。管理者需要建立风险管理体系,对企业面临的各种风险(如数据安全风险、技术风险、市场风险等)进行识别、评估和控制。同时,管理者也需要加强企业的应急管理,提高企业应对突发事件的能力。通过风险管理,企业可以降低风险损失,保障稳定发展。

3. 转型策略

(1)学习与培训。管理者需要不断学习和掌握新的知识和技能,以适应 AI 时代的管理需求。管理者可以通过参加培训、研讨会,阅读专业书籍和文章等方式进行学习。同时,管理者也可以鼓励员工不断学习、积极参加培训,以提高员工的综合素质和能力。

(2)合作与交流。AI 时代,不同组织之间的合作与交流更加频繁。管理者可以与其他企业、高校、科研机构等进行合作,共同开展技术研发、人才培养等活动。同时,管理者也可以参加行业协会、商会等组织的活动,与同行进行交流和分享经验。通过合作与交流,企业可以获取更多的资源和支持,提高竞争力和创新能力。

(3)实践与探索。管理者需要将所学知识和技能应用到实际管理中,不断进行实践和探索。例如,管理者可以通过开展项目试点、创新实验等方式进行实践和探索。同时,管理者也需要及时总结经验教训,不断改进和完善管理方法和策略。

(4)文化建设。管理者需要营造适应 AI 时代的企业文化,鼓励创新、合作、学习和分享。可以通过开展文化活动、制定激励机制等方式进行文化建设。同时,管理者也需要以身作则,践行企业文化,为员工树立榜样。

总之,AI 时代的管理者需要洞察趋势,积极转型,探索未来管理的新方向。通过数字化管理、创新管理、人才管理和风险管理等策略,管理者可以提高企业的竞争力和创新能力。

02 角色转变,从指挥者到引导者

AI的强大能力令人赞叹,如今许多任务已经可以由AI替代人工完成。在进行转型之前,管理者需要认识到:AI取代的是一部分工作,而非管理者的角色。在AI时代,管理者需要进行角色转变,从传统的指挥者转变为引导者,以适应新的管理环境和挑战。

管理者进行角色转变具有必要性,如下:

(1)激发员工创造力。传统的指挥者角色往往强调任务的完成和目标的达成,而忽视了员工的成长和发展。而引导者角色则注重员工的成长和发展,通过提供学习和成长机会,激发员工的创造力和积极性。在AI技术的支持下,员工可以更加自主地完成工作,并有机会参与到创新和改进的过程中,从而为企业创造更大的价值。

(2)提升决策效率和质量。传统的指挥者角色往往依赖于经验和直觉进行决策,而在AI时代,数据分析和预测成为决策的重要依据。管理者从指挥者转变为引导者,可以利用AI技术提供的数据支持,进行更加精准和科学的决策。

(3)提升企业的灵活性和创新性。传统的指挥者角色往往缺乏足够的灵活性和创新性,难以适应快速变化的市场环境。而引导者角色则能够带领团队不断学习和探索新的方法和模式,以适应市场的变化,创造出更具竞争力的产品和服务。

实现从指挥者到引导者的角色转变不是一件容易的事,以下是一些建议,可以为管理者提供帮助。

1. 观念转变

(1)积极拥抱AI技术,认识到AI的价值和潜力,将AI应用于企业管理的各个环节。

(2)转变思维方式,从传统的指挥控制思维转变为引导赋能思维,注重激发员工的潜力和创造力。

(3)树立终身学习的理念,不断提升自己的数字素养和管理能力。

2. 技能提升

(1)学习数据分析和机器学习等相关技术,了解AI的工作原理和应用场景,以便更好地与技术团队合作。

(2)提升沟通和协作能力,与不同背景的人员进行有效的沟通和合作。

(3)培养创新思维和问题解决能力,能够在复杂的环境中找到创新的解决方案。

3. 管理方式转变

(1)建立开放的沟通渠道,鼓励员工提出意见和建议,营造良好的团队氛围。

(2)授权给员工,让他们在一定的范围内自主决策和行动,提高工作效率和创新能力。

(3)提供培训和发展机会,帮助员工提升技能和能力,实现个人和企业的共同发展。

4. 团队建设

(1)组建多元化的团队,包括技术专家、业务人员和创新人才等,以满足AI时代企业发展的需求。

(2)建立学习型组织,鼓励团队成员不断学习和进步,提高团队的整体素质。

(3)加强团队文化建设,树立共同的价值观和目标,增强团队的凝聚力和向心力。

在具体实施时,管理者可以遵循以下步骤:

(1)自我评估。管理者要对自己的观念、技能和管理方式进行自我评估,找出存在的问题和不足。

(2)制订转型计划。管理者要根据自我评估的结果,制订具体的转型计划,包括学习目标、管理方式转变措施和团队建设计划等。

(3)学习和实践。管理者需要按照转型计划,积极学习新的知识和技能,同时在实际工作中尝试新的管理方式和方法。

(4)反馈和调整。管理者要定期对转型计划的实施情况进行评估,并获取员工的反馈,根据实际情况进行调整和优化。

(5)持续改进。管理者要将转型视为一项持续性的工作,不断学习和进步,以适应 AI 时代的发展需求。

03　变革思维模式，开启转型之路

AI时代，管理者的思维应相应地发生转变，具体如图12.1所示。

1　从指挥控制到赋能授权

2　从经验决策到数据驱动决策

3　从单一思维到跨界融合思维

4　从短期目标到长期可持续发展思维

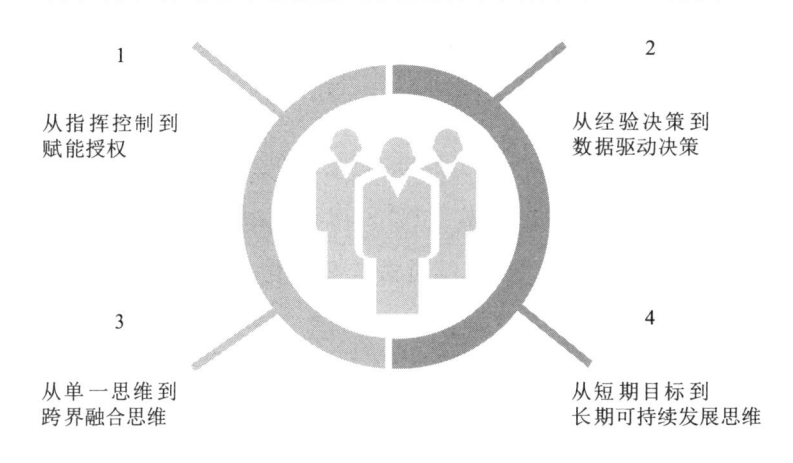

图 12.1　AI时代管理者思维的转变

1. 从指挥控制到赋能授权

在传统管理模式中，管理者往往采用指挥控制的方式，下达指令并监督员工执行。然而，在AI时代，员工与智能系统协同工作，他们需要更多的自主权和决策权。管理者应转变为赋能授权的角色，为员工提供必要的资源和支持，激发他们的创造力和创新能力。

例如，管理者可以鼓励员工提出新的想法和解决方案，并给予他们足够的空间去尝试和实践。通过赋能授权，员工能够更好地发挥自己的优势，为企业创造更大的价值。

2. 从经验决策到数据驱动决策

过去,管理者主要依靠经验和直觉进行决策。但在 AI 时代,数据成为决策的重要依据。管理者需要树立数据驱动决策的思维方式,通过对数据的挖掘和分析,获取有价值的信息,做出更加科学、准确的决策。

例如,管理者可以利用大数据技术采集并分析市场趋势、客户需求和员工绩效等方面的数据。基于此,管理者可以制定更加精准的战略和决策,提高企业的竞争力。

3. 从单一思维到跨界融合思维

AI 技术的发展打破了行业界限,促进了不同领域的融合。管理者需要具备跨界融合的思维,积极探索不同行业之间的合作机会,整合资源,实现创新发展。

例如,汽车行业的管理者可以与科技公司合作,开发智能汽车;医疗行业的管理者可以与人工智能企业合作,推进医疗智能化。通过跨界融合,企业可以开拓新的市场,创造新的商业模式。

4. 从短期目标到长期可持续发展思维

在传统管理中,管理者往往关注短期目标的实现,如季度业绩、年度利润等。然而,在 AI 时代,企业更注重长期可持续发展。管理者应树立长期可持续发展的思维,关注企业的社会责任、环境影响和人才培养等方面。

例如,管理者可以制定可持续发展战略,推动企业在环保、社会责任等方面作出积极贡献。同时,注重人才的培养和发展,为企业长期储备充足的人才资源。

总之,管理者想要跟上 AI 时代的步伐,推动企业实现转型发展,就要进行思维变革。

04 提升领导能力,引领未来团队

为了在这个充满变革的时代中保持竞争力并引领组织走向成功,管理者需要积极转型,提升自身的领导能力。

1. 敏锐的洞察力

(1)持续学习与知识更新。管理者应保持对 AI 技术的高度关注,通过参加培训、研讨会,阅读专业书籍和文章等方式,不断学习和了解 AI 的最新发展动态;掌握 AI 的基本原理、应用场景以及对不同行业的影响,以便更好地洞察市场趋势和竞争态势。

(2)数据分析与解读。管理者要学习利用数据分析工具和技术,收集、整理和分析大量的市场数据、客户数据和业务数据;通过对数据的深入解读,发现潜在的机会和风险,为决策提供有力的支持。同时,培养数据驱动决策的思维方式,将数据分析融入日常管理决策。

(3)关注行业动态和竞争对手。管理者需要密切关注行业发展动态和竞争对手的举措,了解他们在 AI 应用方面的创新和实践。通过对比分析,找出自身的优势和不足,及时调整战略和策略,以保持竞争优势。

(4)与专家和创新者交流。管理者应当积极与 AI 领域的专家、学者、创业者和创新者进行交流和合作;参加行业会议、技术论坛和创新活动,拓宽视野,获取新的思路和灵感。与他们的交流可以帮助管理者更好地理解 AI 的潜力和应用方法,为组织的发展提供前瞻性的建议。

2. 适应性领导力

(1)培养变革管理能力。AI时代的变革速度极快,管理者需要具备强大的变革管理能力,能够引导组织成员适应变化,克服变革带来的阻力;有明确的变革目标和计划,加强沟通和培训,激励员工积极参与变革,确保变革顺利实施。

(2)建立学习型组织。管理者要鼓励员工不断学习和创新,建立学习型组织;提供培训和发展机会,支持员工提升技能和知识水平;营造开放、包容的文化氛围,鼓励员工分享经验和想法,促进知识的传播。

(3)灵活调整领导风格。管理者应当根据不同的情境和团队成员的特点灵活调整领导风格。例如,在团队合作中,采取民主式,充分听取员工的意见和建议。

3. 资源重置能力

(1)优化人力资源配置。管理者需要评估组织内现有人力资源的能力和潜力,结合AI技术的应用需求,进行合理的人力资源配置;将员工的技能和兴趣与工作任务相匹配,提高工作效率和员工满意度。同时,通过培训和转岗等方式,提升员工的数字技能和适应能力,为组织的数字化转型提供人才支持。

(2)整合外部资源。管理者要积极与外部合作伙伴、供应商和创新机构合作,整合外部的技术、人才和市场渠道等资源,实现资源共享和互补。

(3)重新评估和分配财务资源。根据AI时代的业务需求,管理者需要重新评估和分配财务资源。加大对AI技术研发、人才培养和数字化转型的投入,确保组织在技术创新方面保持竞争力。

(4)建立高效的资源管理体系。管理者需要建立健全资源管理体系,加强对人力、财务、技术等资源的监控和管理。有明确的资源分配原则和流程,确保资源的合理使用和优化配置。通过信息化手段,提高资源管理效率和透明度。

05 强化战略规划，布局未来市场

AI时代，自动化、智能化的生产流程改变了传统的商业模式，提高了效率和质量。大数据分析和机器学习算法使得企业能够更精准地了解客户需求，提供个性化的产品和服务。同时，AI也带来了新的竞争对手，那些能够迅速应用新技术的创新型企业正在崛起。管理者必须深刻认识到这些变革，提前做好战略规划，主动适应时代的发展。

1. 明确企业愿景和目标

在AI时代，管理者需要重新审视企业的愿景和目标，结合AI技术的发展趋势，确定企业的长期发展方向。明确的愿景和目标能够为企业的战略规划提供指导，使全体员工朝着共同的方向努力。

2. 进行市场分析

深入了解市场动态和客户需求是制定战略规划的基础。管理者应利用大数据分析和市场调研工具，收集关于行业趋势、竞争对手和客户行为的数据。通过分析这些数据，管理者可以精准识别市场机会和潜在风险，为企业的战略决策提供依据。

3. 制定差异化战略

在竞争激烈的市场中，企业必须找到自己的差异化竞争优势。管理者可以结合AI技术，开发独特的产品或服务，提高企业的核心竞争力。例如，利用人工智能算法进行精准营销,为客户提供个性化的推荐;或者开发智能化的生产设备,提高生产效率和产品质量。

4. 建立战略合作伙伴关系

AI 时代的企业需要与各方建立战略合作伙伴关系,共同开拓市场。管理者可以与科技公司、研究机构、供应商等合作,共享资源和技术,实现互利共赢。通过合作,企业可以更快地应用新技术,拓展业务领域,提高市场占有率。

在布局未来市场方面,管理者需要做好以下三个方面:

(1)投资研发创新。AI 技术不断发展,企业必须持续加大研发创新投入,才能保持竞争力。管理者应增加研发预算,吸引优秀的科技人才,鼓励员工创新。同时,建立创新激励机制,激发员工的创造力和积极性。

(2)拓展新兴市场。随着 AI 技术的普及,新兴市场不断涌现。管理者应关注新兴市场的发展趋势,积极拓展业务领域。例如,AI 在智慧医疗、智慧教育、智慧金融等领域应用前景广阔,企业可以提前布局这些市场,抢占先机。

(3)建立敏捷的组织架构。AI 时代的市场变化迅速,企业需要建立敏捷的组织架构,以快速响应市场变化。管理者应打破传统的层级结构,建立扁平化的组织架构,提高决策效率。同时,鼓励团队合作和创新,培养员工的自主决策能力和应变能力。

战略规划只有通过具体实施才能落地。管理者应制订详细的实施计划,明确各阶段的目标、任务和责任人。同时,建立有效的沟通机制,确保各部门之间的协作顺畅。

在实施战略规划的过程中,管理者需要不断监控和评估进展情况。管理者可以通过设定 KPI、定期进行绩效评估等方式,及时发现问题并采取措施进行调整。同时,要保持对市场变化的敏感性,及时调整战略规划,以适应不断变化的市场环境。

总之,在 AI 时代,管理者应该认识到 AI 时代带来的挑战与机遇,明确战略规划的重要性,采取有效的策略布局未来市场。

06　决策优化，确保管理决策精准

AI可以快速处理海量数据,提供精准的数据分析和预测,帮助管理者更好地了解市场趋势、客户需求和企业内部运营情况。通过机器学习和深度学习算法,AI还能自动发现数据中的模式和规律,为决策提供有力支持。例如,在销售预测方面,AI可以根据历史销售数据、市场趋势和其他相关因素,准确预测未来的销售情况,帮助管理者制订合理的生产和销售计划。

管理者进行决策优化可以采取以下四种措施:

1. 提升数据素养

在AI时代,数据是决策的基础。管理者必须提升自己的数据素养,包括数据收集、分析和解读能力。

首先,要确保数据的准确性和完整性。建立完善的数据收集机制,从多个渠道获取数据,并对数据进行验证和清洗。

其次,学会运用数据分析工具和技术,如数据可视化、统计分析和机器学习。通过数据分析,发现问题,找出机会,并为决策提供支持。

最后,要能够正确解读数据结果,避免被数据误导,还要理解数据背后的含义和局限性,结合实际情况进行决策。

2. 组建多元化决策团队

AI虽然强大,但它不能替代人类的判断力和创造力。管理者应该组建多元化的决策团队,包括数据分析师、技术专家、业务人员和其他相关领域的专业人士。不同背景的人员可以带来不同的视角和思维方式,有助于提高决策的质量。在决策过程中,充分发挥团队成员的优势,共同探讨问题、提出方案。同时,鼓励团队成员提出不同意见和质疑,避免群体思维和决策偏差。

3. 结合 AI 与人类的智慧

在决策过程中,管理者要善于结合 AI 与人类的智慧。AI 可以提供大量的数据和分析结果,但最终的决策还需要人类的判断力和价值观。管理者应该将 AI 作为辅助决策的工具,而不是完全依赖它。在利用 AI 进行决策时,管理者要明确其适用范围和局限性,对 AI 生成的结果进行评估和验证。同时,管理者要发挥自己的创造力和直觉,提出创新性的解决方案。例如,在产品设计和市场营销方面,人类的创意和情感理解能力往往是 AI 不可替代的。

4. 建立有效的数据管理体系

为了确保管理决策精准,管理者需要建立有效的数据管理体系。这包括制定数据收集、存储、处理和分析的规范和流程,确保数据的准确性、完整性和安全性。同时,管理者还应该建立数据共享机制,促进企业内部各部门之间的数据流通和共享,提高数据的利用效率。此外,管理者可以牵头构建数据仓库,将分散在各个部门的数据集中存储和管理,便于进行数据分析和决策。

总之,决策优化需要管理者认识 AI 带来的变革,只有这样,才可以提高决策的准确性和效率,为企业的发展提供有力的支持。

07 关注 AI 伦理和安全问题

在 AI 技术日新月异的今天,其广泛应用为企业带来了前所未有的效率提升与创新机遇。然而,随着 AI 技术的深入渗透,一系列伦理和安全问题也随之出现,成为管理者不得不正视的重要议题。下面将从算法偏见与歧视、数据隐私侵权、透明度受限、决策的平衡性、AI 生成内容的安全性,以及实现人机共创六个角度,深入探讨管理者应如何关注并应对这些挑战。

1. 算法偏见与歧视

算法偏见是指 AI 系统在设计、训练或应用过程中,数据、模型或算法本身的局限性,导致对特定群体不公平对待。这种偏见可能源于数据的不平衡性、模型过拟合或算法设计缺陷。管理者可以从以下几个方面解决算法偏见与歧视问题:

(1)确保训练数据来自不同背景的个体,以减少数据偏见。

(2)定期对算法进行审查,识别并纠正潜在的偏见。

(3)提高算法的透明度和解释性,使用户能够理解 AI 决策的依据,从而更容易发现潜在的偏见。

2. 数据隐私侵权

数据隐私是 AI 应用中最为敏感的问题之一。随着 AI 系统对个人数据的依赖程度加深,数据泄露、滥用或非法收集的风险也随之增加。管理者应采取

以下措施来保护用户数据与隐私安全:

(1)遵守相关法律法规,如《中华人民共和国数据安全法》《中华人民共和国个人信息保护法》等,确保数据收集、存储和处理的合法性。

(2)采用先进的加密技术和匿名化处理方法,保护用户数据的隐私性。

(3)实施严格的访问控制策略,限制对敏感数据的访问权限。

3. 透明度受限

透明度受限指的是AI系统的决策过程难以被外部理解或验证,这可能引发责任划分不清、信任度下降等问题。想要解决透明度受限问题,管理者可以从以下几个方面入手:

(1)开发易于理解的模型解释性工具,帮助用户理解AI决策的依据和过程。

(2)为AI系统提供详细的文档和指南,包括算法原理、数据预处理、模型训练等方面的信息。

(3)邀请第三方机构对AI系统进行审计和评估,确保其符合伦理和安全标准。

4. 决策的平衡性

在AI辅助决策、自动化决策日益普遍的今天,如何在人类经验驱动决策与机器数据驱动决策之间找到平衡点,成为管理者面临的重要挑战。

对此,管理者应建立一套包含伦理原则、价值观和社会责任的决策框架,确保AI决策不仅高效,而且符合社会伦理标准。这要求管理者在决策过程中积极倾听各方意见,特别是利益相关者的声音,确保技术服务于人类福祉。

管理者还要建立人机协作的决策机制,以综合利用人类的判断力和机器的计算能力。此外,还要建立反馈机制,根据实际效果对AI决策进行调整和优化。

5. AI生成内容的安全性

AI生成的内容,如假新闻、恶意软件等,可能对个人、社会乃至国家安全构成威胁。管理者需建立严格的内容审核机制,结合 AI 技术与人工审查,及时发现并处理有害内容。同时,加强技术研发,提升 AI 系统的自我学习与适应性,使其能够识别并避免生成有害信息。此外,培养用户的批判性思维,提高用户对 AI 生成内容的辨识能力,也是不可或缺的一环。

6. 实现人机共创

人机共创是指人类与 AI 系统共同创造、学习和进步的过程。为实现人机共创、和谐共生,管理者应采取以下措施:

(1)技术手段与伦理预防并重,利用区块链、智能合约等技术增强 AI 系统的透明性与安全性。

(2)建立及时警告与紧急关停机制,确保在 AI 系统出现异常或危害时能够迅速响应。

(3)引入法律专家和伦理专家,为 AI 项目的全生命周期提供法律合规与伦理指导。

(4)重视制定企业伦理和合规性政策,将 AI 伦理纳入企业文化。

(5)关注国际关于 AI 伦理和安全的讨论和合作,积极参与相关标准的制定和推广。

(6)积极参与推动 AI 相关法律法规的出台和完善,为行业的健康发展贡献力量。

总之,面对 AI 带来的伦理与安全挑战,管理者需保持高度的警觉与责任感,通过技术创新与伦理规范的双轮驱动,促进 AI 技术的健康发展,确保技术进步惠及全人类。